나는 다른 사람들을 사람답게 대하는
품위 있는 매너를 갖춘 사람들을 존경한다.

-데이비드 오길비-

나는 광고로 세상을 움직였다

데이비드 오길비 지음
강두필 옮김

데이비드 오길비의 비즈니스 철학과 경영 이야기

다산북스

:::::: 성공을 담보하는 비즈니스 바이블

60년대 중반, 중견 카피라이터가 되서야 나는 이 멋진 책을 처음 읽을 수 있었다. 당시 내 상사였던 피터 메일Peter Mayle●이 뉴욕의 오길비 본사에서 막 런던으로 부임해 와서는 우리에게 1963년도에 발행된 이 책을 권한 것이 그 계기였다. 결국 우리는 이 책에 매료되었고 언제 어디서나 오길비의 주옥같은 말들을 줄줄 인용하며 대화를 나눌 정도로 그 내용을 달달 외웠다. 당시 상황은 오길비의 '무의미한 권고'를

• • •

● 광고 카피라이터 출신의 영국 작가. 성교육 그림책《나는 어디에서 왔을까?》의 성공 이후 전업작가로 전향했으며 대표작으로는《프로방스에서의 1년》,《세잔느를 찾아서》등이 있다.

비난하는 추세였지만 오길비가 말한 '고기 위에 꽂힌 가격 표'를 열심히 찾던 60년대의 광고인들에게 이 책은 모택동의 어록과 같이 대단한 영향력을 지니고 있었다.

특히 우리는 다음의 구절에 열광했다. "직원들이 재미를 느끼지 못하는 작업에서 좋은 작품이 나올 확률은 희박하다." 오길비의 저서에 정통한 피터 메일은 이 책에서 말하는 이단아들, 크리에이티브한 사람들이란 소호거리에서 느긋하게 점심을 즐기는 사람들을 의미한다고 했다. 사실 "사람들은 한잔 했을 때 생산성이 더 활발해진다. 난 두세 잔의 브랜디를 마시면 카피를 훨씬 더 잘 쓸 수 있다."던 오길비의 말은 많은 사람들에게 알려지지 않았다. 그러나 50년대에 경기가 급상승하여 광고인들의 수입이 전반적으로 좋아지자 우리는 늘 마시던 코르티나스를 더 화끈한 모델로 바꿀 수 있었고 이 말은 광고인 전체가 신봉하는 주문이 되었다. 우리는 오길비의 어록 중 "대행사 직원들에게 땅콩을 주면 원숭이를 얻을 수 있을 것이다."는 말을 가장 좋아한다.

"99퍼센트의 광고가 어느 누구에게도 아무것도 팔지

못하고 있다."라는 문장으로 시작하는 이 책이 지금까지 그 토록 널리 읽혔던 이유를 알아내는 것은 어렵지 않다. 멘켄 Mencken에서 처칠Churchill, 사비냑Savignac에서 미코얀Mikoyan 까지, 그리고 바넘Barnum에서 알더스 헉슬리Aldous Huxley까지 인용하는 메디슨 가의 옥스퍼드 출신 거물 오길비는 처음으로 사람들에게 존경받는 광고를 만들어낸 인물이다.

이 책에서 오길비는 풍부한 예화, 경구, 그리고 넘쳐나는 자신감을 활용하여 비즈니스 현장에서 땀 흘려 일하는 모든 사람들에게 유용한 이야기들을 풀어냈다. 그는 절대 자신감을 잃지 않았다. 그의 신념은 절대적이었고, 그 결과 세계적인 광고대행사 오길비 벤슨 앤 매더Ogilvy, Benson & Mather에 당당히 그의 이름을 올렸다. 물론 이때도 꾀 많은 오길비는 알파벳 순서로 이름을 정렬하지 않았다.

지금에 와서 40년 전에 만들어진 그의 광고를 돌아보면 조금 낡게 느껴지기도 한다. 그러나 그의 폭넓은 아이디어들은 오늘날에도 전혀 손색이 없는 것들이 많다. 그가 자주 반복하여 인용하는 다음의 말들은 과거보다 훨씬 냉소적으로 변한 오늘날 더욱 자명한 이치로 받아들여진다.

리더들은 자진해서 역경과 싸운다.

개가 짖게 만들어라.

당신보다 우수한 사람들을 고용하라.

텅 빈 교회에선 영혼을 구원할 수 없다.

궁극적으로 이 책의 가치는 광고를 포함한 첨예한 비즈니스 현장에서 사람들이 생각하고 행동하는 방식을 다루고 있다는 데 있다. 실제 오길비가 쓴 책 중에는 광고와 전혀 관련이 없는 것들이 많다. "나는 다른 사람들을 인간적으로 대할 줄 아는 점잖은 사람들을 존중한다. 나는 서류를 놓고 논쟁을 즐기는 사람들을 혐오한다. 나는 윗사람에게 알랑대는 아첨꾼들을 경멸한다. 대개 그런 사람들은 아랫사람들에게 무례하게 군림하기 때문이다."

영국인으로서는 드물게 야구에 관심이 많았던 오길비는 이렇게 말했다.

번트*를 대지 마라.

• • •

◉ 배트를 휘두르지 않고 공에 배트를 갖다 대듯이 가볍게 밀어 공을 내야에 굴리는 타법

홈런을 노려라.
불멸의 회사를 만들어라!

이 작은 책은 오길비가 경영하는 광고대행사의 성공을 담보해 주었다.

알란 파커 경[*]

. . .

● 알란 파커 경은 영화 〈미드나잇 익스프레스〉, 〈페임〉, 〈핑크 플로이드의 더 월〉, 〈미시시피 버닝〉, 〈에비타〉 등을 만든 영화감독으로 1960년대에 광고계를 풍미했던 카피라이터 광고감독 출신이다. 2002년 영국 왕실로부터 기사작위를 수여받았다.

∷∷∷ 한번 세일즈맨은 영원한 세일즈맨이다

이 책을 집필하기 14년 전 나는 뉴욕에서 광고대행사를 경영하기 시작하였다. 이때 미국인들은 나를 미쳤다고 했다. 도대체 스코틀랜드 출신이 광고에 대해 무얼 알겠냐고 생각한 것이다. 그러나 우리 회사는 아주 짧은 시간 동안에 엄청난 성공을 거두었다.

나는 이 책을 1962년 여름휴가를 이용해서 집필하였고, 내 아들이 21살이 되던 생일날 저작권을 선물하였다. 나는 처음 이 책이 4천 권 정도 팔릴 것이라고 예상했다. 그런데 예상외로 베스트셀러가 되었고 14개 언어로 번역되어 지금까지 100만 권 이상의 판매고를 올렸다.

내가 이 책을 집필한 이유는 몇 가지로 정리할 수 있다. 첫째로 우리 회사에 새로운 클라이언트를 유치하기 위해서 였다. 두 번째는 주식의 일반 공개 조건을 조정하기 위해서 였고, 세 번째로 우리 업계에 나의 존재를 좀 더 확실히 알리고 싶었기 때문이었다. 지금 이 세 가지 목적은 모두 성공적으로 달성되었다.

내가 최근에 이 책을 썼다면 아마 많은 내용이 달라졌을 것이다. 좀 더 신중하고 겸손하게 기술했을 것이고, 훈계조의 어투를 가다듬었을 것이다. 사실 이 책에는 이렇게 하라, 이렇게 하지 마라, 이것은 절대 안 된다는 식의 표현이 너무 많다. 광고인, 특히 혈기 왕성한 젊은 광고 루키들은 규칙을 따르는 것을 싫어한다. 이제 나는 카피를 '검정 바탕에 흰 글자로 쓰지 마라.'고 말하는 대신 '조사 결과에 의하면 검정 바탕에 흰 글자는 거의 읽히지 않는다.' 정도로 이야기할 것이다. 요즘 같이 자유분방한 세상에는 더 세련된 법칙을 제시해야만 한다.

우리 회사 동지들은 내가 제시한 권고들을 철저히 준수하였다. 그리고 수많은 클라이언트의 제품들을 엄청나게 많이 팔아주었다. 그 결과 우리 회사는 현재 내가 이 책을 쓸 때보다 60배 이상 성장하였다. 19개 클라이언트와 함께 시작하여 300개의 클라이언트, 267개의 지사를 가진 회사로 성장하여 미국 내에만 44개의 지사를 갖고 있는 대기업으로 발돋움한 것이다.

나는 내 책에서 읽은 충고대로 회사를 운영하여 엄청난 판매 성장을 하게 되었다는 익명의 감사편지를 받기도 했다. 최근 만난 마케팅 분야의 거물급 인사들 역시 오늘날 그들의 성공은 초년병 시절 탐독한 내 책 덕분이라는 황송한 이야기를 하였다.

나는 광고인들을 '그'로만 칭하였던 것을 사과하고 싶다. 25년 전 광고계에는 남자들이 대부분이었기 때문이다. 반면 오늘날 광고계의 핵심 영역은 온통 여성들 차지다. 오, 하나님 감사합니다.

여러분이 나의 글에서 약간 불쾌한 자만심을 감지했다면 그것은 오직 한 분야에만 국한된다는 것을 알려드리고 싶다. 나는 광고 분야 외에서는 그야말로 초라한 바보일 뿐이다. 나는 대차대조표도 볼 줄 모르고, 컴퓨터도 잘 다루지 못하며, 스키, 요트, 골프, 그림 그리기 중에도 할 줄 아는 것이 거의 없다. 단 광고에 관한 한, 〈어드버타이징 에이지Advertising Age〉는 나를 '크리에이티브 광고의 제왕'이라고 한 바 있다. 언젠가 〈포춘Fortune〉지는 "데이비드 오길비, 그는 천재인가?"라는 헤드카피로 기사를 내보낸 적이 있는데, 그때 나는 문장 끝에 '?'를 사용한 편집인에 대한 소송 준비를 내 변호사에게 지시했다.

하지만 얼마 지나지 않아 나는 활동을 멈춘 휴화산 같은 처지가 되었다. 소란스런 뉴욕의 메디슨 가에 진력이 났고, 프랑스 중부지방으로 거주지를 옮겨 정원을 돌보며 살고 있다. 그러나 아직까지도 시어머니처럼 동지들에게 자잘한 메모들을 지겨울 정도로 보내고 있다.

조사 결과를 근거로 제시했던 내 권고들의 대부분은 지금도 1962년의 그때와 같이 유효하다고 본다. 그러나 이 책에서 다음의 세 가지 문장들은 수정될 필요가 있다.

"당신이 쿠폰을 많이 수거하고 싶다면 그 위치를 중앙 상단에 두어야 한다."고 하였지만 현재는 달라졌다. "쿠폰의 위치는 오른쪽 하단으로."

"사람들이 광고를 좋아하는 것과 제품을 구매하는 것은 상관관계가 별로 없다."고 했지만 오길비 리서치 센터의 최근 조사 결과에 의하면 사람들은 좋아하는 광고에 의해 구매결정을 내리기도 한다는 사실이 밝혀졌다.

"TV광고에서는 90개 이상의 단어를 절대 사용하지 말라."고 충고하였다. 그러나 현재는 평균 200개의 단어가 가장 효과적으로 물건을 파는 것으로 판명되었다. 그래서 최근 TV광고 속 모델들은 굉장히 말을 빨리한다.

　8장에서 다룬 TV광고 파트는 적절하지 못했던 것 같다. 이것에 대해서는 1962년에는 TV광고에 관하여 어떤 것이 효과적이고 어떤 것이 부적절한지 알려진 것이 거의 없었다고 변명할 수밖에 없다. 여러분은 1983년에 출간된《광고불변의 법칙Ogilvy on Advertising》에서 최근의 조사 결과를 확인할 수 있을 것이다.

　이 책에서는 기업문화에 대해 언급하지 않았다. 더더구나 광고대행사 기업문화에 대한 언급은 전혀 없다. 1962년에는 나뿐만 아니라 어느 누구도 기업문화에 대해 들어본 적도 없었다. 테렌스 딜Terence Deal과 알렌 케네디Allen Kennedy 두 사람 덕분에 우리는 '사람들은 기업을 세우면 반드시 강력한 기업문화를 정립시키기 위해 전력을 다한다.'라는 사실을 당연하게 받아들인다. 특히 가치관을 가다듬고, 영웅들을 배출해 내며, 회사의 의식과 관습들을 성문화成文化하고 문화 네트워크를 인정하며 개별적인 정체성을 키워온 기업들은 그러한 경향이 강하다.

최근 기업문화의 개념은 미국뿐만 아니라 영국에서도 널리 받아들여지고 있다. 〈이코노미스트Economist〉의 프랜시스 케네로스Frances Cairneross는 "일반적인 성공기업의 특징은 신중한 기업문화 수립과 깊은 관계를 맺고 있을 것"이라는 내용의 기사를 썼다.

최근 한 대형 대행사 대표는 나에게 이렇게 말하였다. "오길비 앤 매더만이 세상에서 유일하게 진정한 기업문화를 가진 대행사인 것 같군요." 아마도 이러한 특징이 우리 회사를 경쟁사들과 차별화시키는 것 같다. 이제 내가 기업문화에 대하여 어떤 생각을 하는지 설명하겠다.

어떤 이들은 그들의 평생을 우리 회사에서 보낸다. 우리는 우리 회사를 세상에서 가장 일하기 좋은 곳으로 만들기 위해 최선을 다한다. 이것이 가장 중요하다고 생각한다.

우리는 직원들을 인간적으로 대하려고 노력한다. 그들이 어려움에 처했을 때 — 예를 들어 직무상으로, 질병으로, 알코올 중독 등으로 힘들어 할 때 —그들을 돕기 위해 최선을 다한다.

우리 회사는 직원들이 자신의 재능을 최대한 발휘할 수 있도록 엄청난 물량과 시간을 교육에 투자한다.

우리 회사의 관리시스템은 매우 민주적이다. 우리는 위계적인 관료제도나 꽉 막힌 명령체계를 원치 않는다.

우리는 직원들에게 상당한 자유와 독자적 권리를 허용한다.

우리는 품위 있는 매너를 갖춘 사람들을 좋아한다. 뉴욕 지사에서는 일 년에 한번씩 '문화적 소양을 갖춘 직원을 위한 프로페셔널리즘 상'을 시상하고 있다.

우리는 논쟁 중에도 정직할 줄 알며 클라이언트에게 정직할 수 있는, 그리고 무엇보다 소비자에게 정직한 사람을 좋아한다.

우리는 객관적 시선으로 문제를 바라보며 열심히 일할 줄 아는 빈틈없는 사람들을 존경한다.

우리 회사는 정치적인 사람들, 아첨꾼들, 고집불통들, 재수 없는 허풍꾼들을 싫어한다. 우리는 무례한 자들을 매우 혐오한다. 우리 회사에는 진급의 기회가 활짝 열려 있다. 어떤 종교, 인종, 성별도 우리에게는 문제가 되지 않는다.

우리 회사는 족벌주의, 그리고 다양한 형태의 편애주의를 혐오한다. 우리는 직원을 승진시키는 데 있어서 무엇보다도 개인의 특성에 주목하고 있다.

우리가 클라이언트에게 하는 제안은 우리의 이익을 위한 것이 아니라 우리가 클라이언트의 회사를 경영한다는 가정 하에 이루어지는 것이다.

클라이언트들이 대행사에게 가장 바라는 것은 훌륭한 광고캠페인이다. 우리는 크리에이티브를 가장 중요하게 생각한다.

비현실적인 고집과 자존심 사이에는 종이 한 장의 미세한 차이가 있다. 우리는 클라이언트가 선택하는 광고에 어떠한 불평도 하지 않는다. 그것은 돈을 내는 클라이언트가 행사할 수 있는 권리이다.

여러 나라의 많은 클라이언트들이 우리를 고용한다. 그들은 우리 각 지사에서 동일한 수준의 결과물을 기대할 수 있는지에 대해 호기심을 느낀다. 간절히 우리 문화를 세계 곳곳에서 느끼고 싶어 하기 때문이다.

우리는 클라이언트의 제품이 수출국의 도덕적 관습과 충돌하지 않도록 하기 위해 노력한다.

우리는 기밀유지에도 만전을 기한다. 클라이언트들은 대행사를 통해 자신들의 기밀이 흘러 나가는 것을 달갑게 생각하지 않는다. 또한 그들의 성공의 전면에 대행사가 나서는 것도 좋아하지 않는다. 성공의 찬사에 대행사가 끼어 드는 것은 결코 바람직하지 않다.

우리는 만들어 놓은 제작물에 끊임없이 불만을 갖는 습관을 갖고 있다. 아마도 이것이 우리에겐 독선을 막는 해독제 역할을 하는 것 같다.

세계 각지에 가지를 치고 있는 우리 회사들은 인적 네트워크를 통해 하나로 엮여있다. 모두 같은 클럽에 속해 있는 것이다.

우리는 읽기 쉽게 잘 작성된 보고서나 통신문을 좋아한다. 우리는 '태도의', '이론적 틀', '대량화', '재개념화', '차선의', '공생 연계', '파편화', '차원화' 등과 같은 알쏭달쏭한 학술어들을 혐오한다.

루드포드Rutherford 경은 카벤디시 연구소Cavendish Labo-ratory*에서 항상 그의 연구원들에게 "술집여급들에게 쉽게 설명할 수 없는 것이라면 결코 훌륭한 물리학이 될 수 없다."고 강조하였다.

이렇게 회사 운영에 관한 나의 견해들은 지겹도록 반복되면서 회사문화의 형태를 갖추게 되었다. 여기 몇 가지를 소개해 보겠다.

1. 잘 팔아야 한다. 팔 수 없다면 아무것도 아니다.
2. 소비자들을 지루하게 만들어서는 아무것도 팔 수 없다. 그들은 즐거워져야만 제품을 구입하기 시작할 것이다.
3. 무지의 혼돈 상태보다는 지식을 추구하는 것이 낫다. 우리는

• • •

* 28명의 노벨상 수상자를 배출한 영국 캠브리지대학 물리학 연구소

돼지가 송로松露[●]를 찾듯이 지식을 찾는다. 눈 먼 돼지도 어쩌다 송로를 찾을 수는 있을 것이다. 하지만 송로가 떡갈나무 숲에서 자란다는 것을 아는 게 훨씬 큰 도움이 될 것이다.

4. 두뇌 회전이 빠른 신사들만 채용한다.

5. 소비자는 바보가 아니다. 바로 당신의 아내가 소비자이다. 아내를 모욕하지 마라.

6. 당신의 캠페인에 빅 아이디어가 없다면 한밤중에 지나가는 배처럼 사라지고 말 것이다.

100개의 캠페인 중에 빅 아이디어가 있는 캠페인이 하나라도 있는지 궁금하다. 나는 빅 아이디어를 내는 크리에이터로 평가받고 있다. 하지만 내 자신을 돌아보면 내가 만든 빅 아이디어는 20개를 넘지 못하는 것 같다.

7. 최고의 비즈니스는 최상의 방식으로 수행된다.

8. 당신의 가족들이 보지 않았으면 하는 광고는 절대 집행하지 마라.

9. 근처 공원에 가봐라. 어디에도 공원을 만들기 위해 모였던 심의 위원들의 동상은 없을 것이다.

아쉽게도 이 책에선 '다이렉트 메일_{direct response}' 형태

• • •

● 담자균류 알버섯과의 버섯, 맛있고 향기로운 식용버섯이다.

의 광고는 언급되지 않고 있다. 이것은 소비자들이 광고를 읽고 직접 제품을 신청하는 것으로, 이런 광고를 만드는 사람들은 자신들의 광고로 얼마만큼의 제품이 팔리는지 정확히 파악할 수 있다. 반면 일반적인 광고를 만드는 사람들은 그 효과를 거의 알 수 없다. 혹시 파악한다 하더라도 마케팅 믹스에서 발생하는 수많은 요인들을 통제하기 힘들다. 즉 가격인하 경쟁이나 소매상 딜러들의 트릭은 통제가 불가능하기 때문이다.

참 신기한 것은 다이렉트 메일에서 활용되는, 효과가 입증된 정보만을 충실하게 제공하는 방법이 일반 광고에서는 철저하게 외면당한다는 사실이다.

모든 카피라이터들이 다이렉트 메일을 담당하는 동료들의 선례만 충실히 따라도 훨씬 더 많은 제품을 팔 수 있을 것이다. 나는 모든 카피라이터들이 첫 시작 2년 정도를 다이렉트 메일에 보낸다면 훨씬 좋을 것 같다고 생각한다. 광고물을 한 번 슬쩍 보기만 해도 그것을 만든 카피라이터가 이런 경험을 갖고 있는지 금방 알 수 있다.

네 가지 문제점

오늘날 광고계는 심각한 위기에 봉착한 것 같다.

첫 번째 문제는 소비재를 만드는 많은 클라이언트들이 광고보다는 가격인하에 두 배 이상의 비용을 지출하고 있다는 것이다. 그들은 광고를 통하여 강력한 브랜드 이미지 구축을 도모하기보다 가격인하로 제품의 판매증대를 꾀하는 방식을 선호하고 있다. 어떤 바보라도 가격을 인하할 수 있다. 하지만 브랜드를 구축하는 데는 두뇌와 인내가 필요하다.

체이스 앤 샌번Chase & Sanborn이라는 아주 유명한 커피 브랜드가 있었다. 그들은 즉각 가격인하 전략을 펼쳤고, 계속 그 전략을 반복하였다. 그 브랜드는 어떻게 됐을까? 완전히 사라지고 말았다.

내가 1955년 시카고에서 했던 연설의 한 대목이다.

이제 심각한 경고성 알람을 울릴 때가 온 것 같습니다. 가격인하에만 몰두했던 기업주들에게는 그들의 자금이 더 이상 남아있지 않다는 것을 알려야 하며 이제 그들의 브랜드를 돌아보아야 할 때라고 말입니다. … 가격인하로는 당신의 제품을 불멸의 베스트셀러로 만들 브랜드 이미지 구축이 불가능합니다.

런던 비즈니스 스쿨의 앤드류 이렌버그Andrew Ehrenberg●는 가격인하 전략이 소비자가 브랜드를 시도하도록 유인할 수는 있지만 그 후 소비자들은 마치 아무 일도 없었다는 듯 자신이 사용하던 원래의 브랜드로 돌아간다는 내용의 보고서를 발표하였다.

그러면 왜 브랜드 매니저들은 가격인하 전략에만 몰두하는 걸까? 그들의 상사들이 다음 분기의 손익에만 관심을 두고 있기 때문이다. 왜일까? 그들은 회사의 미래보다는 스톡옵션에 더 눈독을 들이고 있기 때문이다.

가격인하 전략은 마치 마약 중독과 같다. 가격인하 전략에 푹 빠진 브랜드 매니저에게 광란의 가격인하 전략이 끝난 뒤 시장에서 그들의 브랜드가 어떻게 되었는지 확인해

• • •

● 저명한 경영학자, 소비자행동론의 대가

보라. 그는 아마 이야기 주제를 바꾸고 싶어 할 것이다. 그에게 가격인하가 과연 매출을 증가시켰는지 물어보라. 그는 또 다시 화제를 돌리고 싶어 할 것이다.

운이 좋아서 선임자들이 잘 관리해놓은 브랜드를 물려받은 마케터들도 가격인하 전략으로 좋은 브랜드를 망각의 브랜드로 만들어버리고 만다. 조만간 그 브랜드는 아무도 모르는 브랜드로 전락할 수 있다. 브랜드는 물려받은 종자이다. 그들은 종자마저도 먹어 치운 것이다.

또한 가격을 인하하는 것은 광고대행사의 대행비용을 깎는 것과 긴밀하게 연관되어 있다. 대행사와 흥정하는 클라이언트들은 마치 망원경을 뒤집어 보는 것과 같은 실수를 하고 있는 것이다. 비용을 15퍼센트 낮추는 것보다 실제 사용되는 자금의 85퍼센트를 더욱 효과적으로 운용하여 판매율을 높이는 데 집중해야 한다. 즉 어디에 지레 축을 둘 것인가의 문제인 것이다. 대행사에 낮은 수준의 보상을 하고 부자가 되는 클라이언트는 없다. 땅콩을 던져주어라, 그러면 원숭이를 얻게 될 터이니.

두 번째는 특히 미국과 영국, 프랑스에 있는 대행사들

자체의 문제이다. 그곳은 광고를 아방가르드 _avant-garde_ ●로 인식하고 있는 사람들로 가득하다. 그들은 살면서 그 어떤 것도 팔아 본 경험이 없을 것이다. 그들의 야망은 오직 칸느 광고 페스티벌 수상에만 있다. 그들은 자신들의 크리에이티브를 뽐내기 위해 불쌍한 클라이언트들을 속여서 연간 수백만 달러를 투입하게 만든다. 그들은 자신들이 광고해야 하는 제품 자체에 전혀 흥미를 느끼지 않는다. 더 나아가 소비자들도 마찬가지일 것으로 추정한다. 결국 그들이 광고해야 할 제품의 우수성에 대해 단 한마디의 언급도 없이 광고를 제작하는 것이다. 그들은 기껏해야 시시한 엔터테이너에 지나지 않는다. 대부분 그들은 아트디렉터들로, 비주얼에만 치중하고 내가 작성한 카피들을 전혀 읽으려 하지 않으며 심지어 소비자들도 읽지 못하게 만든다. 최근 제품을 런칭하는 어느 클라이언트로부터 자신의 실력과시에만 열중하는 바보들에 대해 분노에 찬 불평을 들은 적이 있다. 5년간의 키친 스토브 방문판매를 하며 얻게 된 교훈이 아니었다

• • •

● 20세기 초 프랑스와 독일을 중심으로 자연주의와 의고전주의擬古典主義에 대항하여 등장한 예술운동

면 사실 나 역시도 같은 실수를 하고 있었을 것이다. 한번 세일즈맨은 영원한 세일즈맨이다.

　세 번째 문제는 크리에이티브보다 재정적인 면에 중점을 둔 과대 망상가들의 등장이다. 그들은 클라이언트들의 간담을 서늘하게 할 정도로 다른 대행사들을 사들여 거대한 광고 제국을 만들고 있다.

　네 번째 문제는 대행사들이 뻔한 실수를 계속 반복하며 클라이언트의 돈을 낭비하고 있다는 것이다. 최근 나는 독일 잡지 한 권에서 49개의 리버스reverse* 광고를 보았다. 이미 아주 오래 전부터 읽기 힘들다는 조사 결과가 발표되었는 데도 말이다.

　10시간 정도 기차 여행을 하면서 나는 세 권의 잡지에 게재된 광고들을 읽어 보았다. 대부분의 광고들은 몇 년 전부터 알려진, 그리고 이 책에서 이미 언급된 아주 기본적인 사항들마저 모두 무시하고 있었다. 그 광고를 만든 카피라이터들과 아트디렉터들은 심하게 무지한 아마추어들인 것

· · ·

◉ 검정 바탕에 흰색 글자를 사용하는 형태의 광고

같다.

　그들이 선례를 연구하지 않는 이유는 무엇일까? 소비자의 의중을 알아내는 것에 별 관심이 없는 것일까? 어떤 과학적 방법론도 그들을 설득할 수 없는 것일까? 증명된 지식의 뭉치들이 광고인들에게 어떤 규율을 강제 행사하거나 그들의 무능력이 드러날까봐 두려운 것일까?

나의 마지막 유언

나는 프린스턴에서 갤럽 박사와 함께 일하게 되면서 광고계에 입문했다. 그 후 나는 카피라이터의 길을 걸었다. 내가 아는 한 나는 유일한 조사 분야 출신의 크리에이티브 거물이다. 나는 조사 결과를 바탕으로 객관적인 시각에서 크리에이티브의 기능을 판단할 수 있다. 이것이 내가 습득한 가장 값어치 있는 교훈이다.

　1. 성공적인 광고를 만드는 것은 일종의 기술이다. 부분적으로 영감에 의지하기도 하지만 대부분은 노하우에서 비롯되거나

열심히 작업을 하여 만들어내는 것이다.

2. 판매보다 인기에 영합하는 것은 위험하다.

3. 판매의 관점에서 보면 제품을 파는 광고는 20개 중 하나 정도이다.

4. 카피를 쓰기 전 반드시 제품을 연구하라.

5. 광고의 성공은 소비자에게 이익을 보장하는 약속에 달려있다. 이를테면 더 좋은 향, 더욱 희게 씻어주는, 갤론 당 더 많은 거리를 주행하는, 더 환한 피부를 약속하는 것이다.

6. 광고의 기능은 단순히 당신의 제품을 소비자들이 시험해 보도록 하는 데 있는 것이 아니라 소비자 머릿속에 있는 어떤 브랜드보다 더 자주 사용하도록 설득하는 데 있는 것이다.
   (앤드류 이렌버그 당신의 의견에 전적으로 찬성하오.)

7. 한 나라에서 성공한 방식은 거의 모든 나라에서도 통한다.

8. 잡지 편집인들은 광고인들보다 더 커뮤니케이션에 능하다. 그들을 모방하라.

9. 대부분의 캠페인이 너무 복잡하게 구성되어 있다. 지나치게 많은 목표를 가지고 있고, 많은 중역들의 가지각색 견해들을 동시에 만족시키려 한다. 너무 많은 것을 다루려다 보니 결국 아무것도 이루지 못하는 것이다. 그 캠페인들을 보고 있자면 마치 위원회의 회의록을 보는 것 같다.

10. 여성 고객을 대상으로 하는 광고카피를 남자 카피라이터에

게 맡기지 말 것.

11. 훌륭한 캠페인은 판매력을 유지하면서 오랫동안 집행될 수 있다. 내가 만든 해더웨이 셔츠의 안대를 한 사나이 캠페인은 21년간 지속되었다. 도브 비누의 캠페인은 31년간 지속되고 있으며 지금까지 도브는 가장 많이 팔리고 있는 제품으로 손꼽힌다.

한번 세일즈맨은 영원한 세일즈맨이다.

1988년

데이비드 오길비

:::::: 어느 광고인의 고백

나는 길포드Guildford 루이스 캐롤Lewis Carrol에서 어린 시절을
보냈다. 아버지는 게일어Goidelic languages*를 쓰는 스코틀랜드
북부 고산지대 출신으로, 고전 학자이자 고집불통의 회의론
자였다. 어느 날 아버지는 내가 몰래 교회에 다니기 시작한
것을 알고는, "아들아, 어떻게 그런 미신을 믿을 수 있니? 교
회는 노예들이나 가는 곳이지 교육받은 사람들이 가는 곳이
아니란다. 신사처럼 행동하고 싶어서라면 꼭 기독교인이 되
지 않아도 된단다."며 나무라셨다.

• • •

◉ 아일랜드어語 · 스코틀랜드 게일어 · 맹크스어의 총칭

어머니는 아름답고, 약간 묘한 면이 있는 아일랜드 여성이었다. 어머니는 내가 당신의 도움 없이도 펑펑 쓰고 남을 만큼 많은 돈을 벌 수 있는 사람이 될 것이라며 내게 아무것도 상속하지 않았다. 동의하지 않을 수 없었다.

나는 9살 때 귀족 자녀들이나 다니던 이스트본Eastbourne의 도스보이스 홀Dotheboys Hall 기숙사로 들어갔다. 그곳의 교장 선생님은 나에 대해 "이 학생은 독특한 창의력을 가지고 있고, 선생님들에게 자기가 옳고 책이 틀렸다고 주장하며 논쟁하기를 좋아한다. 아마 이 점이 그의 창의력을 증명할 것이다."라고 하셨다. 언젠가 나는 나폴레옹의 형이 네덜란드의 왕이므로 그 역시 네덜란드 사람이었을 것이라고 주장했다가 교장 선생님 부인의 지시로 저녁식사도 못 하고 침실로 쫓겨난 적이 있었다. 또 한번은 〈실수연발〉이라는 연극을 위해 그녀가 내게 대 수녀원장 의상을 입히는 동안 그녀가 싫어하는 부분을 강조하며 개회사를 연습해서 결국 그녀가 내 볼을 잡고 바닥으로 내팽개쳐 버리게 만든 적도 있다.

13살 때 나는 대법관이자 스코틀랜드 역사상 가장 위대한 변호사인 나의 삼촌에 의해 스파르타식 교육으로 유명한 페테스Fettes 학교에 입학하게 되었다. 이 학교에서 만난 친구들 중에는 이안 매클리어드Ian Macleod, 나이얼 맥퍼슨 Niall Macpherson, 녹스 커닝햄Knox Cunningham 등 여러 명의 미래 영국의 국회의원들이 있었다. 또한 내게 더블베이스contra-bass*를 시작하도록 영감을 주신 헨리 해버갈Henry Havergal과 역사를 가르치시며《1066년 그리고 그 모든 일들1066 And All That》이란 책을 저술하신 월터 셀러Walter Sellar 선생님 등이 기억난다.

그 후 나는 옥스퍼드대학에 진학하였고 역사학자 키스 필링Keith Feiling 교수님은 내가 그리스도 교회Christ Church 장학 금을 받도록 해 주셨다. 패크릭 고든워커Patrick Gordon-Walker, 로 이 해롯Roy Harrod, A. S. 러셀Russel 등의 지도교수님들도 내게 많 은 친절을 베풀어 주셨다. 하지만 나는 그 당시 공부가 아닌 다른 것에 이미 마음을 빼앗겼고, 결국 퇴학을 당하고 말았다.

그때가 대공황이 끝나가던 1931년이었다. 이후 17년 동안 내 친구들은 의사, 변호사, 공무원, 정치인 등 각자 스

• • •

◉ 더블베이스 · 콘트라베이스라고도 한다. 바이올린족에서 가장 낮은 음역을 지녔으며 모 든 악기 중에서도 최저음역용의 악기에 속한다.

스로의 미래를 개척해 나갔지만, 나는 뚜렷한 목적도 없이 세계 이곳저곳을 정처 없이 떠돌아 다녔다. 나는 한때 파리의 요리사였다가 방문판매 세일즈맨이기도 했으며, 에딘버러Edinburgh 빈민촌의 사회운동가이기도 했다. 또 갤럽 박사Dr. Gallup의 영화산업 리서치 공동연구, 영국증권 윌리엄 스테펜슨William Stephenson 경의 보조업무도 도왔으며 펜실베니아에서 농사를 짓기도 하였다.

어린 시절 내 마음속의 영웅은 로이드 조지Lloyd George[*]였고, 나는 커서 총리가 되고 싶었다. 그러나 결국 메디슨 가에서 광고대행사를 운영하게 되었고 내게 광고를 맡긴 19개 클라이언트들은 여왕의 나라 대영제국의 정부보다도 더 많은 수익을 거두어들인다.

맥스 비어봄Max Beerbohm[**]은 언젠가 각본가인 베르만Behrman에게 다음과 같이 말한 적이 있다.

• • •

[*] 영국의 정치가. 1916년에 총리가 되어 연립 내각을 조직, 제1차 세계대전을 승리로 이끌었다.

[**] 만화가이자 작가. 옥스퍼드대학의 머튼칼리지 재학 시절 재기 넘치는 수필들을 유명한 문예지〈옐로북〉에 발표하며 세상에 이름을 알렸다. 노벨문학상 수상자인 조지 버나드 쇼는 유명인사들의 가식이나 우둔함을 악의 없이 풍자하는 그를 '누구도 감히 비교할 수 없는 맥스'라고 불렀다.

"내게 큰 재산이 있다면 나는 모든 주요 신문에 광고를 낼 거야. 그 카피는 언젠가 누군가가 그 아내에게 했던 말을 얼핏 주워들은 건데, 크고 굵은 글씨로 쓰인 짧은 문장으로 내보낼 생각이라네. 바로 이거야 – 여보, 이 세상에 돈 주고 살만한 가치가 있는 건 하나도 없어."

나는 이와 반대의 입장인 것 같다. 나는 광고에서 본 제품은 거의 다 사고 싶다. 아버지는 광고에서 훌륭하게 표현된 제품들의 이야기를 자주 하셨다. 나는 광고를 통해 많은 제품들의 장점을 알리는 데 내 인생을 헌신하고 있다. 내가 광고를 즐기는 만큼 다른 사람들도 광고를 보고 구입한 제품들로 인해 행복해지길 바란다.

나는 이 책에서 옛날 방식의 1인칭 단수 시점을 사용하여 요즘 미국식 관습에 맞지 않는 행위를 했다는 것을 인정한다. 하지만 내가 '나'의 죄를 고백하고 '나'의 모험에 관해 이야기하는 데 차마 '나' 대신 '우리'라고 쓸 수가 없었다.

매사추세츠 입스위치에서
데이비드 오길비

Contents

알란파커의 서문 | 성공을 담보하는 비즈니스 바이블
개정판에 부치는 저자 서문 | 한번 세일즈맨은 영원한 세일즈맨이다
저자 서문 | 어느 광고인의 고백

chapter ① 성과를 낼 수 있는 분위기를 만들어라

주방에서 배운 경영의 모든 것	42
독불장군 사람 만들기	53
나만의 창의적 인재 발굴기술	59
무의식과 소통하라	64
팔리지 못한 아이디어는 무의미하다	67
ogilvy-ism1 오길비의 비즈니스 철학	73

chapter ② CEO, 뛰는 직원 위를 날아라

재기 넘치는 젊은이들을 찾습니다	80
편견을 넘어 자기 자신부터 광고하라	86
잠재고객 내 편 만들기	98
내키지 않는 거래는 시작도 하지 말 것	116
고객에게 지켜야 할 최소한의 것들	125
ogilvy-ism2 크리에이티브 디렉터의 다섯 가지 유형	133

chapter ③ **고객부터 사랑하라**

고객 유치보다 관리에 힘써라 136
클라이언트를 가족처럼 142
인정하기 어려운 사실을 시인하라 147
이런 광고 맡지 마라 151
개인과 팀 사이 힘 조절하기 154

ogilvy-ism3 마케팅 글쓰기 원칙 163

chapter ④ **황금알을 낳는 거위를 찾아라**

선택했다면 신뢰하라 166
자율성은 최상의 결과를 보장한다 175
비용을 아끼지 마라 181
모든 것은 사전 테스트하라 187
시간이 곧 이윤이요, 신뢰다 190

ogilvy-ism4 창조적 리더의 조건 193

chapter ⑤ **원칙이 시장을 선도한다**

매직 랜턴의 다섯 가지 소스 196
물건을 사게 만드는 캠페인의 조건 202

ogilvy-ism5 성공 캠페인을 위한 지침 220

chapter (**6**) **KISS, 단순할수록 강력하다**

매출 열 배 올리는 헤드라인 만들기   224

바디카피, 대화하듯 써라   230

ogilvy-ism6   카피라이팅에 대하여   241

chapter (**7**) **비주얼에 스토리를 담아라**

읽고 싶은 비주얼을 만들어라   246

보다 생생하게, 보다 직설적으로   250

캡션에 집중하라   259

돋보이는 헤드라인 만들기   262

비주얼 스캔들, 걸작 포스터 만들기   265

ogilvy-ism7   그 유명한 '해더웨이 셔츠'의 바디카피   268

chapter (**8**) **베스트 상품을 만드는 광고의 조건**

시선을 끌어라, 제품을 팔아라   272

58초의 명승부를 펼쳐라   275

ogilvy-ism8   오길비의 명언   280

chapter　9　소비자와의 약속부터 결정하라

선택과 결정　　　　　　　　　　　　　　　284

구미를 당겨라, 식품 광고　　　　　　　　285

여행자를 유혹하라, 관광 광고　　　　　　287

'다름'을 강조하라, 약품 광고　　　　　　291

ogilvy-ism9　오길비의 명언 II　　　　　　293

chapter　10　성공하는 사람만의 패턴이 있다

야망의 전제 조건　　　　　　　　　　　　298

클라이언트를 놀라게 하라　　　　　　　　301

AE가 되기를 희망하는 젊은이들에게　　　303

비지니스 세계에서 퇴장당하지 않으려면　307

ogilvy-ism10　오길비의 발자취　　　　　　311

chapter　11　광고는 없어져야 할까?

광고의 경제적 효과　　　　　　　　　　　316

광고의 진실과 거짓말　　　　　　　　　　329

ogilvy-ism11　오길비의 마지막 유언　　　　343

옮긴이의 글 | 감히 오길비의 말을 옮긴 이유

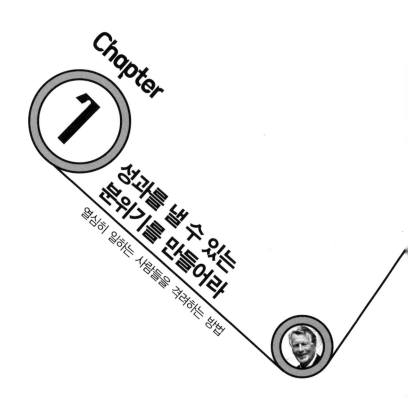

Chapter

1

**성과를 낼 수 있는
분위기를 만들어라**

열심히 일하는 사람들을 격려하는 방법

훌륭한 크리에이터들 중 온화한 성격을 가진 사람들은
거의 없다. 그들은 심술궂은 이기주의자들이며, 일반적
인 조직에서는 환영받지 못하는 사람들이다.

Chapter 1

주방에서 배운 경영의 모든 것

광고대행사를 경영한다는 것은 실험실, 잡지사, 건축가 사
무실, 호텔 주방 등과 같은 창의적인 조직을 경영하는 것과
같다. 30년 전 나는 파리 마제스틱 호텔Hotel Majestic의 요리
사였다. 파빌리온Pavillon의 헨리 소울Henry Soulé은 그곳을 세
계 최고의 주방이라고 말했다. 우리 조에는 37명의 요리사
가 있었는데, 우리는 수행하는 수도승들처럼 일주일에 63시
간씩 일했다. 노동조합 같은 건 없었지만 아침부터 밤까지
윽박지르고 욕을 해대며 열심히 요리했다. 우리는 그 어떤
요리사보다 훌륭한 요리를 만들어야 한다는 한 가지 목표를
향해 성심을 다해 일했다. 그러면서 우리는 해병대도 울고
갈 단결력으로 똘똘 뭉쳤다.

지금도 나는 항상 그때의 수석요리사 피타흐Monsieur Pitard처럼 함께 일하는 사람들에게 사명감을 이끌어낼 수 있다면 경영에 그대로 적용할 수 있을 텐데 하고 생각한다.

피타흐는 우리 조에서 가장 훌륭한 요리사였고, 우리 모두 그 사실을 인정하지 않을 수 없었다. 그는 메뉴를 짜고 계산서를 일일이 확인하며 재료를 주문하면서도 일주일에 한 번쯤은 주방 중앙에 유리로 만들어진 그의 사무실에서 나와 직접 요리를 하곤 했다. 그럴 때면 우리는 그 주위에 옹기종기 모여 신기에 가까운 그의 솜씨를 바라보았다. 최고의 리더 밑에서 일한다는 사실은 매우 흥분되는 일이었다.

나는 피타흐 수석요리사를 본보기 삼아, 지금도 가끔 직접 광고카피를 써서 내 노련한 솜씨가 죽지 않았음을 카피라이터 군단에게 과시하곤 한다.

가끔 피타흐는 쇠몽둥이로 우리를 다스렸는데, 그럴 때면 우리는 그가 매우 두려웠다. 그가 권력의 상징인 유리 사무실 안에 앉아 있을 때면 나는 혹시라도 그의 송곳 같이 날카로운 눈썰미가 내 실수를 알아차릴까 노심초사하며 눈치를 살피곤 했다.

카피를 쓰는 일처럼 요리를 하는 것도 엄청난 스트레스를 받는 직무이기 때문에 이러한 일을 하는 사람들은 경쟁을 즐기는 족속들이라고 할 수 있다. 느긋한 성격의 리더라면 부하직원들의 경쟁이 폭력으로 번지지 않도록 막는 일이 버거울 것이다. 당시 소스전담 요리사 부르기뇽^{M. Bourgignon}은 종종 마흔이 넘은 요리사는 죽었거나 미쳤거나 둘 중 하나일 거라고 말했다. 나는 수프 요리사가 계란 47개를 던져 그 중 9개를 내게 명중시키고 나서야 그 말을 이해할 수 있었다. 계란 세례 사건은 중요한 손님의 푸들에게 줄 뼈다귀를 구하려고 그가 요리하던 수프 냄비를 습격한 결과였다.

제과담당 요리사 역시 만만치 않게 괴상한 사람이었다. 그는 매일 밤 퇴근할 때마다 닭 한 마리를 주방에서 쓰는 모자에 숨겨서 나갔다. 또 휴가를 떠날 때에도 내복 안에 복숭아 24개를 쑤셔 넣는 것을 도와달라고 했다. 하지만 이 짓궂은 인사는 베르사유에서 영국의 왕과 여왕을 위한 만찬이 열렸을 때 프랑스의 모든 제과담당 요리사들을 제치고 장식용 설탕 바구니와 작은 케이크 과자를 준비할 요리사로 선발될 만큼 솜씨가 뛰어났다.

피타흐가 칭찬에 인색했던 만큼 그에게 칭찬을 받으면 마치 하늘을 나는 기분이었다. 프랑스 대통령이 마제스틱 호텔 연회에 참석했을 때 주방은 엄청난 긴장감에 휩싸였었다. 마침 나는 개구리 다리에 하얀 냉육요리 소스를 바르고 있었고, 허벅다리 하나하나를 파슬리 잎으로 장식하고 있었다. 그런데 갑자기 날 지켜보는 피타흐의 눈길이 느껴지는 것이 아닌가. 너무 겁이 나서 다리가 후들거리고 손도 떨리기 시작했다. 그때 그는 모자에서 연필을 꺼내 위로 흔들었다. 조원 모두 모이라는 신호였다. 그는 개구리 다리를 가리키며 천천히, 그리고 조용히 말했다. "바로 이런 식으로 하는 거야." 그 순간, 나는 평생 그를 따르고 싶을 정도로 기뻤다.

지금도 나는 직원들에게 아주 가끔씩만 칭찬한다. 칭찬을 남발하는 것보다 이런 방식이 그들을 더 기쁘게 하는 것 같다.

특별한 행사가 있을 때면 피타흐는 그 기분을 제대로 느끼게 해 주었다. 내가 수플레Souffle Rothschild●를 준비했던 날 저녁, 그는 나를 만찬회장 앞으로 데리고 가 폴 두머Paul

· · · ·

● '부풀다'라는 뜻의 프랑스어로 달걀흰자를 거품을 낸 것에 그 밖의 재료를 섞어서 부풀려 오븐에 구워낸 요리 또는 과자를 뜻한다.

Doumer 대통령이 내가 만든 요리를 먹는 모습을 보게 해주었다. 3주 후인 1932년 5월 7일, 폴 두머 대통령은 세상을 떠났다. 물론 내 요리 때문이 아니라 러시아 사람이 쏜 총에 저격당해서였다.

우리 회사 사람들도 큰 행사를 준비할 때 이와 비슷한 책임감을 느끼는 것 같다. 며칠 밤을 새며 작업을 마치고 나면, 몇 주가 지나도 그들의 사기는 최상의 상태로 유지되곤 한다.

피타흐는 무능력한 사람을 용서하지 않았다. 그는 프로와 아마추어가 함께 일하면 사기가 떨어진다는 것을 잘 알고 있었다. 나는 그가 제빵사 세 명을 같은 이유로 동시에 해고하는 것을 보았는데, 그 이유는 브리오슈*의 윗부분 마무리를 고르게 하지 못했다는 것이었다. 글래드스톤Gladstone 총리도 이런 무자비한 행동에 찬성했을 것이다. 총리가 되려면 먼저 도살자가 되어야 한다고 주장했던 사람이니까.

피타흐는 서비스의 중요한 기준을 가르쳐 주었다. 한번은 웨이터에게 오늘의 특별요리plat du jour가 다 떨어졌다고

• • •

◉밀가루·버터·달걀·이스트·설탕 등으로 만든 달콤한 맛의 한입크기 프랑스 빵

말했다는 이유로 나를 해고하려던 적이 있다. 그는 훌륭한 주방장이라면 메뉴에 약속한 모든 것들을 반드시 책임져야 한다고 말했다. 그 때 나는 요리를 새로 하려면 시간이 너무 오래 걸려서 완성될 때까지 아무도 기다려 주지 않을 거라고 했었다. 그 요리가 철갑상어의 척추 골수와 거친 밀가루, 연어고기, 버섯, 양파, 쌀을 브리오슈 반죽에 말아 50분 동안 구운 케저리kedgeree였는지, 우리 호텔의 간판 요리인 철갑상어와 연어coulibiac de saumon였는지, 아니면 샴페인에 절인 멧돼지의 내장으로 만든 퓌레purée로 속을 채우고 갈색 냉육 소스를 바른 후 고기의 젤리로 덧입힌 아주 색다른 요리인 카롤리 에클래어Karoly Eclairs였는지는 너무 오래 전 일이라 잘 기억이 나지 않지만 그래도 피타흐가 한 말 만큼은 정확히 기억하고 있다.

"또 특별요리가 떨어져 가기 시작하면 내게 말하게. 그럼 다른 호텔과 식당에 전화를 걸어 그 요리를 하는 곳을 알아보겠네. 그 다음 자네를 택시에 태워 보내서 그 요리를 가지고 오도록 할 테니 다시는 웨이터에게 뭐가 없다고 해선 안 되네."

오길비 벤슨 앤 매더Ogilvy, Benson & Mother의 그 누구도 클라이언트에게 약속한 시간까지 인쇄광고나 TV광고를 만들어내지 못하는 것을 나는 용납하지 않는다. 최고의 회사는 반드시 약속을 지킨다. 비록 그것이 고통과 야근을 의미할지라도.

피타흐 조에 합류하고 얼마 지나지 않아 나는 집이나 학교에서는 배우지 못했던 도덕적 문제에 부딪혔다. 냉육담당 요리사가 내게 악취 나는 날송아지 췌장을 소스담당에게 갖다 주라고 한 것이다. 난 이 재료가 요리를 먹을 손님의 생명을 위협할 수 있다는 것을 알고 있었다. 분명 소스에 섞이면 원재료의 상태는 보이지 않을 것이고 손님은 아무것도 모른 채 음식을 먹을 것이므로 나는 냉육담당 요리사에게 항의했지만 그는 명령에 따르라고 말했다. 그 역시 싱싱한 생선이 동이 났다는 사실을 피타흐가 알면 그냥 넘어가지 않으리란 걸 알고 있었다. 이런 상황은 어떻게 대처해야 할까? 고자질은 명예롭지 못한 일이라 교육받았고 또 그렇게 믿으며 자라온 나였지만 결국 나는 일을 저지르고 말았다. 나는 그 맛이 간 췌장을 피타흐에게 가지고 가 냄새를 맡아

48

보라고 했고 그는 아무 말 없이 냉육담당 요리사를 해고시켰다. 그리고 그 불쌍한 친구는 바로 그 시간, 그 자리에서 떠나야만 했다.

조지 오웰은 그의 소설《파리와 런던의 밑바닥 생활 Down and Out in Paris and London》에서 프랑스 주방의 불결함을 만천하에 알렸다. 하지만 조지 오웰은 마제스틱 호텔에서 일해본 적이 없는 사람이다. 피타흐는 주방 청결유지에 매우 엄격해서, 나는 하루에 두 번씩 도마의 나무 표면을 날카로운 판으로 긁어내야 했고, 바닥을 닦았으며, 칼날 역시 깨끗이 해야 했다. 뿐만 아니라 일주일에 한 번씩 주방을 두루 뒤지며 바퀴벌레를 잡아야 했기에 우리는 매일 아침 깨끗한 옷을 공급받았다.

요즘도 나는 직원들이 사무실을 깨끗하게 사용하는 것을 중요하게 생각한다. 지저분한 사무실은 엉성한 업무 분위기를 만들고, 기밀문서를 분실하는 원인이 되기도 한다.

우리 요리사들의 수입은 형편없었지만, 피타흐는 음식 재료 공급처로부터 엄청난 커미션을 받았기 때문에 대저택에서 살 만큼 부유했다. 그는 그의 재산을 숨기지 않았고, 택

시를 타고 일하러 왔으며, 머리 부분이 금으로 된 지팡이를 들고 다니며 일이 없을 때에는 국제 은행가처럼 옷을 입고 다녔다. 이렇듯 그가 부를 과시하고 다니는 것을 보며 우리는 그처럼 살고 싶다는 자극을 받았다.

불후의 명사인 어거스트 에스코피어Auguste Escoffier[*] 역시 같은 생각을 불러일으켰다. 그는 1차 세계대전 이전 런던 칼튼Carlton in London의 주방장이었을 당시 대형 4두마차를 타고 회색 프록코트에 모자를 쓴 차림으로 경마장에 가곤 했다. 마제스틱 호텔의 동료들에게 에스코피어의 요리 가이드는 항상 결정적 권위를 가졌고, 요리법에 대한 논쟁에 관한 한 마지막 항소를 할 수 있는 대법원과도 같았다. 세상을 떠나기 전, 그는 우리 주방에 와서 함께 오찬을 하기도 했다. 그것은 마치 브람스가 그의 작품을 연주하는 교향악단과 점심을 먹는 것과 같은 것이었다.

오찬과 만찬을 서빙할 때 피타흐는 요리사가 웨이터들에게 음식을 전달하는 카운터에 자리를 잡고 앉았다. 거기서

• • •

[*] 프랑스 요리의 혁명을 불러일으키고 주방경영의 조직구조를 발전시킨 최초의 주방장

그는 밖으로 나가는 모든 요리를 검열하였다. 가끔은 완성된 요리를 요리사에게 다시 손보게 하곤 했다. 또한 항상 접시 위에 너무 많은 음식을 올리지 말라고 주의를 주기도 했다. 그건 마제스틱 호텔이 수익을 내길 원했기 때문이었다.

오늘날 나는 우리 광고가 클라이언트에게 전달되기 전에 검열을 하고, 여러 건을 다시 돌려보내 더 공을 들이게 한다. 사실 나도 피타흐의 이익에 대한 열정에 공감한다.

피타흐의 리더십 중 내가 가장 크게 감명 받은 것은 그의 부지런함이다. 나는 벌겋게 달궈진 오븐에 63시간 동안 몸을 구부렸다 폈다 하는 작업이 너무 힘들어서 일이 없는 날에는 잔디에 등을 기대고 누워 하늘을 바라보며 쉬어야 했다. 하지만 피타흐는 일주일에 77시간씩 일했고 2주일에 하루만 쉬었다.

지금 나의 스케줄이 그 정도이다. 만약 내가 직원들보다 오랜 시간 일한다면 그들도 기꺼운 마음으로 야근할 것이다. 우리 회사를 떠난 어떤 실무자는 내게 이런 편지를 보낸 적이 있다. "당신은 일하는 분위기를 조성합니다. 제가 당신 옆집 정원에서 4시간 동안 흥청망청 놀던 토요일 저녁에, 당신이 창가 책상에 앉아서 움직이지도 않고 일하고 있었다는 것을 알고는 무척 당황했었지요. 이런 소문은 널리 퍼지더군요."

　　내가 마제스틱 호텔에서 배운 다른 중요한 사실은 손님들에게 꼭 필요한 사람이 되면 해고당하는 일이 절대 없다는 것이다. 우리에게 가장 중요한 손님 중 하나였던 한 미국인 여성은 7개의 방이 있는 특실에 묵으며 구운 사과만 먹는 다이어트를 하고 있었다. 어느 날 그녀는 사과의 속이 항상 꽉 차서 나오지 않는다면 리츠Ritz 호텔*로 옮기겠다며 협박에 가까운 통보를 해왔고, 나는 사과 두 개를 구운 뒤 그 속살을 걸러내어 중앙부분을 제거하고 속살을 한 사과 껍질 안으로 옮겨 넣는 조리법을 개발하였다. 결국 나는 그 손님이 태어나서 한 번도 본 적 없는 매우 육감적인, 그리고 그녀의 생각보다 훨씬 칼로리가 높은 사과를 만들어냈다. 후에 이 사과를 만든 사람에게는 평생 요리사를 할 자격을 주어야 한다는 소문이 우리 주방까지 들려왔다.

　　당시 그곳의 사람들은 내 측근인 재무담당자가 공산주

· · ·

● 호텔 브랜드. 파리, 런던, 마드리드에는 리츠 호텔이, 다른 나라에는 리츠칼튼 호텔이 있다.

의자인 것은 전혀 개의치 않았던 반면 내 국적에는 관심이 많았다. 프랑스 주방에서 스코틀랜드 사람을 만나기란 메디슨 가에서 스코틀랜드 사람을 만나는 것 만큼이나 힘든 일이었기 때문이었다. 내게 스코틀랜드 조상 이야기를 들은 동료 요리사들은 나를 '야만인Savage'이라고 불렀다.

독불장군 사람 만들기

메디슨 가로 왔을 때 나는 전보다 더 야만인이 되어 버렸다. 광고대행사를 경영하는 것이 항상 즐거운 것만은 아니다. 광고 일을 시작하고 14년이 지난 다음, 나는 CEO가 반드시 지녀야 할 막중한 책임이 있다는 결론을 내렸다. 그것은 창의력이 뛰어난 독불장군들이 효율적으로 일할 수 있는 분위기를 조성하는 것이다.

윌리엄 메닌저 박사Dr. William Menninger는 이 일의 어려움을 다음과 같이 묘사하였다.

이 분야에서 성공하려면 가장 먼저 창의력이 뛰어난 사람들을 모아야 한다. 신경질적이지만 번뜩이는 아이디어를 가진, 독특하고, 순응하는 것을 싫어하는 사람들과 함께 일해야 한다는 뜻이다.

우리는 의사들처럼 일주일 내내 밤낮 없이 호출 당한다. 이러한 지속적인 압박은 임원들에게 육체적, 심리적 희생을 요구한다. 이사들은 AE Account Executive 팀장과 관리자들에게 압력을 가하고 그것은 다시 카피라이터 등 제작에 관여하는 사람들에게로 돌아간다. 무엇보다도 클라이언트들이 가하는 압력이 가장 강하다.

광고대행사 직원들만의 특이한 문제점은 누가 더 빨리 성공작을 내는지, 누가 더 먼저 조수를 두는지, 누가 먼저 돈을 더 받는지 등을 주의 깊게 살피며 서로를 의식한다는 것이다. 하지만 그들은 꼭 성공이나, 더 많은 월급을 원한다기보다는 '아버지 앞에서의 지위'를 인정받는 것을 제일 중시한다.

여기서 아버지의 역할을 하는 사람이 임원이다. 자식이든 동료에게든 좋은 아버지가 된다는 것은 이해력과, 깊은 생각, 깊은 애정 등을 요구하는 것이다.

대행사 시작 초기부터 직원들과 머리를 맞대고 일했기 때문에 그들과 이야기를 나누고 애정을 느끼는 것은 그리 어렵지 않았다. 하지만 회사의 규모가 커질수록 점차 힘들어졌다. 나를 본 적도 없는 사람들에게 어떻게 아버지의 역할을 할 수 있겠는가? 우리 회사에는 497명의 직원들이 있다. 그리고 그들에게는 각각 평균 100명의 친구들이 있다. 총 4만9천700명의 친구들이다. 만약 내가 직원들에게 우리 회사는 무슨 일을 하며, 무엇을 추구하고, 어떠한 야망을 가지고 있는지를 말해준다면 그들은 각자 그들의 친구들에게 내 이야기를 전할 것이다. 이렇게 된다면 오길비 벤슨 앤 매더를 응원하는 사람은 곧 4만9천700명이 될 것이다.

그래서 나는 일 년에 한 번씩 사원 모두를 현대미술 박물관 강당에 모아놓고 그들에게 회사 운영상황과 이익 등 모든 것에 대해 가감 없이 밝힌다. 그런 다음, 내가 어떤 태도를 좋아하는지 알려준다.

1. 나는 열심히 일하는 사람을 좋아합니다. 나는 배에서 노를 젓지 않는 승객들을 싫어합니다. 일을 더 많이 하는 것이 덜 하는 것보다 재미있습니다. 열심히 일하는 것에는 경제적 요인이 있습니다. 여러분이 더 열심히 일한다면 우리는 더 적은 수의 직원으로 더 큰 이익을 창출할 수 있습니다. 더 큰 이

익을 얻는다면 우리 각자에게 돌아가는 돈도 더 많아질 것입니다.

2. 나는 일등급 두뇌를 좋아합니다. 왜냐하면 머리 좋은 사람이 없이는 광고대행사를 운영할 수 없기 때문입니다. 하지만 훌륭한 두뇌도 지성의 정직함을 갖추고 있지 않다면 완벽하다고 볼 수 없습니다.

3. 나에게는 불변의 법칙이 있습니다. 나는 연고자를 편애하는 사람이나 부부를 고용하지 않습니다. 왜냐하면 그들은 당파를 조성하기 쉽기 때문입니다. 우리 회사 안에서 부부의 인연을 맺게 되는 사람들이 있다면 결혼 후 그중 한 명은 떠나야 합니다. 될 수 있으면 아이를 돌봐야 하는 여자가 떠나는 것이 좋겠지요.

4. 나는 즐겁게 일하는 사람을 좋아합니다. 만약 당신이 이 일을 즐기지 못한다면 다른 직업을 찾길 권합니다. 스코틀랜드의 속담에 이런 말이 있습니다. '살아있을 때 인생을 즐겨라. 그후 오랜 시간 동안 죽어있을 테니까.'

5. 나는 상사들에게 알랑대는 아첨꾼을 매우 경멸합니다. 그런 사람들이 대개 자기 부하직원을 못 살게 굴기 때문이죠.

6. 나는 자신감 넘치는 전문가를 좋아합니다. 자신의 일을 최고로 훌륭하게 해내는 장인을 말하는 겁니다. 그들은 항상 동료들의 의견을 존중하고 서로의 영역을 침범하지도 않습

니다.

7. 나는 스스로를 성공으로 이끌 만큼 훌륭한 부하를 고용할 줄 아는 사람을 좋아합니다. 자신의 능력에 대한 불안감 때문에 자기보다 못한 사람들만 고용하는 사람들을 불쌍히 여깁니다.

8. 나는 아랫사람들을 추켜세울 줄 아는 사람을 좋아합니다. 이것이야 말로 모두가 지금의 서열에서 진급할 수 있는 유일한 방법이기 때문입니다. 나는 중요한 자리의 적임자를 밖에서 찾는 것을 매우 싫어합니다. 전혀 그럴 필요가 없어질 날을 기대해 봅니다.

9. 나는 다른 사람들을 인간적으로 대하는 매너 있는 사람들을 좋아합니다. 나는 시비걸기를 즐기는 사람들을 증오합니다. 나는 문서로 전쟁을 해대는 사람들을 증오합니다. 평화를 유지하는 최고의 방법은 솔직해지는 것입니다. 블레이크William Blake의 시를 기억하십시오.

친구에게 화가나 그 사실을 말했다
나의 분노는 사라졌다
적에게 화가나 그 사실을 말하지 않았다
나의 분노는 자라났다

10. 나는 정리를 잘하고 주어진 업무를 제 시간에 마감하는 사람을 좋아합니다. 웰링턴 공The Duke of Wellington●은 책상 위의 일을 모두 끝내기 전에는 절대 집에 가지 않았다고 합니다.

나는 내가 바라는 점을 직원들에게 말하며 내 자신에게 기대하는 점도 함께 밝힌다.

1. 공정하고, 쉽게 변치 않으며, 사람들이 반기지 않는 결정도 용감하게 내리겠습니다. 안정적인 분위기를 조성하고 말하는 것을 즐기기보다는 듣는 데 더 많은 공을 들이겠습니다.
2. 우리 회사의 활력, 생명력, 도전정신을 유지하도록 노력하겠습니다.
3. 지속적으로 새로운 클라이언트를 유치하는 회사를 만들기 위해 노력하겠습니다(이때 나를 쳐다보는 직원들의 얼굴은 마치 어미 새에게 모이를 받아먹는 새끼 새들 같다).
4. 클라이언트들에게 최고의 신뢰를 얻을 수 있도록 노력하겠습니다.

• • •

● 영국의 군인이자 정치가. 1815년 영국 프로이센 사령관이 되어 나폴레옹군을 워털루에서 격파하였고, 보수당 총리가 되어 가톨릭교도 해방령을 성립시켰다.

5. 여러분들이 늙어서 빈곤해지는 일이 없도록, 많은 수익을 내기 위해 노력하겠습니다.
6. 미래지향적인 정책을 수립하겠습니다.
7. 모든 분야에서 가장 우수한 인재들을 모집하여 이 분야에서 가장 멋진 직장을 만들도록 노력하겠습니다.
8. 직원들이 최상의 결과를 낼 수 있도록 노력하겠습니다.

나만의 창의적 인재 발굴기술

광고대행사를 운영하려면 어떤 실패라도 이겨낼 수 있는 활력과 탄력성을 겸비해야 한다. 부하직원들의 약점을 감싸줄 수 있는 포용력과 애정도 필요하다. 직원들 사이에 라이벌 의식을 조성하는 천재성과 중요한 기회를 놓치지 않는 날카로운 안목도 갖추어야 한다. 도덕성 또한 필수요소의 하나이다. 리더 스스로 원칙을 벗어나 기회주의자처럼 행동한다면 구성원의 단결은 무너지게 된다.

무엇보다 광고대행사의 대표는 책임자를 잘 선정해야 한다. 말이 쉽지 막상 행동에 옮기려면 쉽지 않은 항목이다. 클라이언트들은 자신들의 광고가 신출내기 직원들에게 맡겨지는 것을 원치 않는다. 이것은 환자가 인턴에게 치료받는 것을 원치 않는 것과 똑같은 이치이다.

최근 들어 많은 대행사의 실무책임자들의 직급이 전에 비해 너무 낮아진 것을 자주 보게 된다. 윗사람들이 모두 관리직을 맡아 실무에서 손을 뗐기 때문에 아랫사람들이 회사의 실무책임자가 된 것이다. 이런 방식은 거대한 대행사를 만들 수는 있겠지만 업무의 질을 떨어뜨릴 우려가 있다. 내겐 큰 기관을 맡아보고 싶은 야망 같은 것은 없다. 그렇기 때문에 우리 회사는 19개의 클라이언트만을 대행한다. 최고의 질을 추구하는 것은 거대함을 추구하는 것보다 수익은 적지만 더 큰 만족감을 준다.

실무책임자를 선정하는 것은 종종 대행사의 사장과 직원 사이에 감독관을 끼워 넣는 것과 같다. 이런 경우 직원들은 마치 어머니를 떠나 유모의 손에 맡겨진 아이가 된 것 같은 느낌을 받을 수 있다. 하지만 유모가 어머니보다 오래 참으며, 더 다가가기 쉽고, 보다 훌륭한 전문가라는 사실을 알게 된다면, 내가 그들을 떠나보낸 것을 이해할 것이다.

한 광고대행사의 성패는 무엇보다 대표가 훌륭한 광고

를 만들어낼 열의 있는 사람들을 찾아낼 수 있는가에 달려 있다. 이제 창의력은 많은 심리학자들의 연구 주제가 되었다. 만약 그들이 창의력이 뛰어난 사람들의 특징을 밝혀낼 수 있다면, 최고의 인재를 선별하는 심리테스트도 내게 제공할 수 있을 것이다. 캘리포니아대학 성격평가 연구소의 프랭크 배론 박사Dr. Frank Barron는 이러한 주제의 연구를 진행한 결과, 내가 관찰한 것과 정확히 일치하는 결과를 도출해냈다.

창의적인 사람들은 관찰력이 뛰어나고 정확하게 관찰하는 것에(스스로에게 진실만을 말하며) 다른 사람들보다 더 높은 가치를 부여한다.

그들은 종종 단편적인 사실을 매우 생생하게 표현한다. 그들이 표현하는 대부분의 것은 쉽게 발견되지 않던 부분들이다. 문장에서 강조하는 것이나 어울리지 않는 부분 등을 다른 것으로 대체함으로써 쉽게 관찰되지 않는 부분들을 지적한다.

창의적인 사람들은 사물을 보는 시선 또한 남다르다. 그들은 뛰어난 두뇌를 타고 났다. 그래서 많은 생각들을 한 번에 담아낼 수 있고 , 더 많은 생각들을 비교하며, 일반인보다 훌륭하게 생각을 정리할 수 있는 능력을 가지고 있다.

그들은 원기왕성하며 특별한 심리적, 육체적 에너지를 가지고 있다. 그렇기 때문에 그들의 세계는 더욱 복잡하며 그들은 더욱 복잡한 삶을 산다.

또한 보통 사람들보다 무의식 세계 즉, 환상·몽상·상상의 나라와 더 자주 접촉한다.[*]

배론 박사와 그 동료들이 관찰한 내용이 공식 정신측정 테스트로 만들어지기 전까지는 아무래도 구시대적이며 경험을 바탕으로 한 나만의 창의적 인재 발굴기술에 의존해야 할 것 같다. 나는 훌륭한 TV광고를 볼 때마다 누가 만든 광고인지를 알아낸다. 그 다음 전화를 걸어 먼저 그의 성과를 축하한다. 광고인들이 그 어느 곳보다 오길비 벤슨 앤 매더에서 일하기를 원한다는 여론조사 결과가 나왔기 때문에, 내가 전화를 건 이후 종종 우리 회사로 지원을 하는 인재들도 있었다.

그 후 나는 지원자들에게 지금껏 만든 광고 중 가장 잘

· · ·

⦿ Frank Barron(1958), *Scientific American*

만든 여섯 건을 보내라고 한다. 이것은 그들이 좋은 광고를 분별할 수 있는 능력이 있는지, 아니면 단지 뛰어난 상사의 도구였을 뿐인지를 판가름하기 위한 방법이다. 가끔은 그들의 집에 전화를 걸기도 한다. 10분 정도만 대화를 나누면 그 사람이 훌륭한 생각을 가진 사람인지, 취향은 어떠한지, 엄청난 정신적 압박을 기꺼이 견뎌낼 만한 사람인지 등에 대해 알 수 있다.

우리 회사는 매해 수백 건의 지원서를 받는다. 나는 중서부에서 오는 지원서에 특별히 관심을 기울인다. 나는 메디슨 가의 멋진 회사를 뛰쳐나온, 고액의 몸값을 요구하는 사람보다는 디모인Des Moines*에서 온, 야망 있는 젊은이들을 좋아한다. 나는 전자의 경우처럼 차갑도록 정확하지만 치명적으로 무딘, 몸값만 높으신 분들을 볼 때마다 로이 캠벨Roy Campbell의 '남아프리카 소설가들에게On Some South African Novelists'를 생각한다.

. . .

당신은 그들의 변치 않는 절제를 칭찬한다
물론 나도 당신에 동의한다
그들은 재갈과 고삐를 잘 사용하니까
그런데 망할 놈의 말은 어디 간 거지?

나는 또한 서유럽 출신 지원자들에게도 특별히 관심을
기울인다. 우리 회사의 최고 카피라이터들 중 몇 명은 유럽
인들이다. 그들은 좋은 교육을 받았고, 열심히 일하며, 관념
에 얽매여 있지 않고, 미국의 소비자들에게 접근하는 태도
도 보다 객관적이다.

광고는 언어의 산업이다. 하지만 광고회사들은 글을 잘
쓰지 못하는 사람들 때문에 병들어 가고 있다. 실제로 카피
나 기획안조차 써내지 못하는 사람들이 있다. 마치 메트로
폴리탄 오페라 무대에 서있는 청각장애인처럼 무기력하다.

무의식과 소통하라

오늘날 광고를 책임지고 있는 대행사와 클라이언트들 모두
는 지나치게 관습에 젖어 있다. 이 업종의 모든 사람들은 놀

랄만한 광고를 원하지만 정작 그런 광고를 만들 능력이 있는 사람들에게는 등을 돌린다. 그렇기 때문에 대부분의 광고대행사의 일이 지옥처럼 지루한 것이다. 알버트 라스커Albert Lasker가 5천만 달러의 광고수익을 낼 수 있었던 이유 중 하나는 그가 존 E. 케네디John E. Kennedy, 클라우드 C. 홉킨스Claude C. Hopkins, 프랑크 허머트Frank Hummert와 같은 훌륭하지만 지독한 성격을 지닌 카피라이터들을 견뎌냈기 때문이다.

이제 몇몇 거대 광고대행사들은 사교성을 인정받아 사내 최고 위치까지 올라간 제 2세대 관리인들에 의해 운영되고 있다. 하지만 이런 아첨꾼들은 가능성 있는 캠페인을 만들지 못한다. 정말 슬픈 현실은 지금의 대행사들이 세련된 조직을 구성하고 있으면서도 옛날 라스커와 홉킨스의 초기 광고만큼도 못 만들어내고 있다는 점이다. 광고업은 이제 재능 있는 사람들을 많이 수혈해야 한다. 재능 있는 사람들은 대부분 규범을 따르지 않고 관습에 반대하는 반항아들이다.

얼마 전 나는 시카고 대학의 초청으로 창의적인 조직에 대해 강연한 적이 있다. 참석자 중 많은 수는 심리학 교수들로, 창의력을 학술적으로 연구하는 사람들이었다. 나는 산

부인과 의사들의 모임에 참석한 산모의 마음으로 73명의 카피라이터와 아트디렉터를 키워내면서 습득한 크리에이티브 노하우에 관해 이야기했다.

크리에이티브를 만들어내는 과정은 이성 이상의 것을 필요로 한다. 대부분의 독창적 사고는 말로 표현되는 것이 아니다. 그것은 '직관에 지배받고, 무의식에서부터 영감을 더듬어나가는 실험'이다. 대개 회사원들은 독창적으로 사고 하지 못한다. 그들은 이성의 지배에서 빠져 나오지 못하기 때문이다. 그들의 상상력은 꽉 막혀있다.

나는 논리적 사고를 거의 하지 못한다. 하지만 나는 내 무질서한 무의식 세계의 생각 창고가 갑자기 무언가를 쏟아 내려 할 때를 대비해 그곳과 연결하는 전화선을 항상 열어 두는 방법을 개발하였다. 나는 음악을 많이 듣는다. 존 발리 콘 John Barleycorn*도 좋아한다. 오랫동안 뜨거운 물에 목욕하 는 것을 좋아하고, 정원도 가꾼다. 사람들과 여행도 가고, 새 들을 바라보기도 하며, 시골길을 오랫동안 걸어 다니기도

· · ·

● 술을 의인화한 영국의 전통 포크 음악

한다. 뇌의 휴식을 위해 휴가도 자주 간다. 하지만 골프나 테니스도 치지 않고 칵테일파티 또한 하지 않는다. 카드놀이도, 팬한 집중력을 필요로 하는 일 역시 하지 않는다. 다만 자전거는 탄다.

이렇게 아무것도 하지 않은 상태에서 나는 무의식 세계로부터 지속적인 신호를 받는다. 그리고 이 과정에서 얻는 것들은 내 광고의 원재료가 된다. 하지만 이게 다는 아니다. 열심히 일해야 하며, 마음을 열어야 하고, 결코 지배당하지 않을 호기심을 가져야 한다.

팔리지 못한 아이디어는 무의미하다

인간의 훌륭한 창조물의 대부분은 돈을 벌고자하는 욕구에서 탄생된 것이다. 조지 프레드릭 헨델George Frederick Handel은 무일푼이었을 때 21일 동안 방안에 틀어박혀서 메시아를 작곡했고 결국 대박을 터뜨렸다. 메시아의 주제 가운데 완전히 독창적인 것들은 그리 많지 않았다. 헨델은 여러 작곡가들의 곡에서 들었던 악상들, 또는 자신이 옛 오페라들을 위해 저장해 두었던 자작곡들을 무의식 세계에서 끄집어냈던 것이다.

카네기홀에서의 공연이 끝난 후, 담로슈Walter Damrosch*는 라흐마니노프Rachmaninoff**를 찾아가 연주 도중 관중석을 바라보며 어떤 대단한 생각을 했느냐고 물어 보았고, 라흐마니노프는 그냥 사람 수를 세고 있었다고 대답하였다. 만약 옥스퍼드 학생들이 공부의 대가로 돈을 받았다면, 나는 기적 같은 학업성취도를 기록했을 것이고 현대역사를 가르치는 전임교수Regius Professor가 되었을 것이다. 내가 메디슨 가의 돈맛을 보고 나서야 비로소 진지하게 일하기 시작했던 것을 돌아보면 충분히 그럴만하다.

비즈니스 세계에서 자신이 만든 것을 팔지 못하는 창의적인 사고는 아무 의미가 없다. 훌륭한 세일즈맨이 좋은 제품을 소개하기 전까지 경영진은 그것이 얼마나 좋은 물건인지 알지 못한다.

내가 메디슨 가에서 14년 동안 일하면서 팔지 못했던

• • •

● 　독일 출생의 미국 지휘자. 음악학자·작곡가·뉴욕필하모니협회의 지휘자로서 활약할 때 뉴욕에 클래식음악을 널리 소개했다.
●● 　러시아의 작곡가·피아니스트·지휘자. 20세기 초 가장 탁월한 피아니스트의 한사람으로 낭만파의 마지막 작곡가이기도 했다.

아이디어는 단 한 가지뿐이다.

나는 〈인터네셔널 페이퍼 International Paper〉지가 2천6백만 에이커의 산림을 공영화하여 캠핑과 낚시, 사냥, 등산, 새 감상 등을 할 수 있도록 일반인들에게 개방하면 좋겠다고 생각했다. 그후 나는 이런 아이디어가 카네기의 도서관이나 록펠러 재단 등에서 받아들여질 것이라고 생각하고 제안하였지만 좋은 아이디어였음에도 불구하고 팔리지는 않았다.

마지막으로 나는 연구소가 됐건 잡지회사나 광고대행사건 창의력을 요구하는 조직들은 엄한 리더 없이 훌륭한 성과를 내지 못한다는 사실을 발견했다. 캠브리지의 씹는담배연구소는 로스 때문에 훌륭한 연구소였고, 마제스틱 호텔의 주방은 피타흐가 있었기에 훌륭한 주방이었다.

모든 사람이 거장 밑에서 작업하고 싶어 하는 것은 아니다. 종속관계는 사람들의 생명을 갉아먹기 때문에 종국에는 다음과 같은 결론을 내리게 한다.

지옥에서조차 지배하고자 하는 것은 가치 있는 야망이다.
천국에서 심부름을 하는 것보다는 지옥에서 다스리는 것이

더 낫다.

그래서 몇몇 사람들은 내 품을 떠난 후에 낙원을 잃었
다는 사실을 발견한다. 나를 떠난 직원 중 한 사람은 떠나고
몇 주 지나지 않아 내게 편지를 보냈다.

당신의 회사를 떠나면서 어느 정도의 슬픔은 예상했습니다.
하지만 지금 저는 예상보다 더 깊은 절망에 빠져 있습니다.
제 인생에 한 번도 이처럼 모든 것을 잃어버린 기분은 느껴
본 적이 없습니다. 아마 이것이 엘리트의 품에 있던 사람이
떠나면서 치러야 하는 대가인가 봅니다. 제가 놓친 것은 결
코 쉽게 잡을 수 있는 기회가 아니더군요.

훌륭한 직원이 일을 그만두게 되면 다른 직원들은 그
이유를 궁금해 한다. 그리고 경영진으로부터 대우를 잘 받
지 못했기 때문에 그랬을 거라고 생각하는 것이 보통이다.
내 회사의 젊은 카피팀장이 사임하고 다른 회사의 부회장으
로 갔을 때, 우리는 마치 내각의 장관과 총리처럼 편지를 주
고받았고 이 편지는 우리 사보에 실렸다. 나의 사랑스런 배

신자는 다음과 같이 썼다.

내가 광고인이 된 것은 당신에게도 책임이 있습니다. 당신은 나를 만들었고, 내가 모르는 것들을 가르쳐 주었습니다. 한번은 당신이 내게 이렇게 말한 적도 있었죠. 내가 학비를 내고 당신 밑에서 일해야 한다고. 그 말은 사실이었습니다.

나는 친절히 답변했다.

자네가 11년 동안 애송이에서 카피팀장이 되는 과정을 바라보는 것은 굉장한 경험이었네. 자네는 우리 회사 최고의 캠페인 크리에이터 중 하나였지. 자넨 열심히 일했고 또 일하는 속도도 빨랐어. 자네의 활력과 쾌활함은 카피팀장이 부딪혀야 하는 모든 문제 속에서도 스스로를 차분하고 밝게 해 주더군. 자네의 밝은 성격은 전염성이 있는 것 같았어.

훌륭한 크리에이터들 중 온화한 성격을 지닌 사람들은 거의 없다. 그들은 심술궂은 이기주의자들이며, 일반적인 조직에서는 환영받지 못하는 사람들이다. 윈스턴 처칠Winston Churchill*을 생각해 보라. 그는 엄청난 주당이었다. 그는 변덕스럽고, 제멋대로였으며, 사람들이 그를 반대할 때에는 잘 토라졌다. 그는 멍청이들에게 심술궂었으며, 낭비도 매우 심했다. 또한 그는 조금만 화가 나도 울었으며, 라블레 풍의 짓궂은 말투를 구사했다. 그뿐 아니라 직원들에게도 무심했다. 하지만 그의 참모장 알란브룩 상원 의원Lord Alan-brooke은 다음과 같은 글을 남겼다.

> 나는 그와 함께 일했던 날들을 내 인생에서 가장 힘들고도 고된 시간으로 기억한다. 하지만 나는 그만한 사람과 함께 일할 기회와, 이 세상에 그와 같은 슈퍼맨이 실지로 존재한다는 사실을 직접 볼 기회를 허락하신 하나님께 감사드린다.

• • •

◉ 영국의 정치가. 영국 총리를 역임했으며 제2차 세계대전 중 위대한 국가지도자로 활약했다.

오길비의
비즈니스 철학

1. 광고도 판매되어야 한다.
2. 모든 광고는 어떤 형태로든 브랜드 이미지에 기여해야 한다.
3. 브랜드는 제품 속성의 모든 것이다.
4. 가족에게 보이고 싶지 않은 광고는 만들지 마라.
5. 광고를 만드는 사람은 항상 새로운 지식을 찾아 습득해야 한다.
6. 회사 내의 크리에이티브 경쟁을 피하라.
7. 새로운 클라이언트를 유치하는 최선의 방법은 기존의 클라이언트에게 최고의 광고를 제공함으로써 유망한 클라이언트들이 광고를 맡기고 싶게 만드는 것이다.
8. 광고 비즈니스는 다양한 재능들이 접목되어야 한다. 이러한 재능은 체제 변혁자, 반대의견을 내놓는 자, 기존 사고를 뒤엎는 개혁론자들에게 많다.
9. 광고를 통해 제품을 어떻게 포지셔닝할 것인가가 가장 중요한 문제이다.

10. 아무도 당신의 광고를 읽지 않고 당신의 광고를 보지 않 는다면 포지셔닝이 제대로 이루어졌다고 볼 수 없다.

11. 당신보다 더 뛰어난 사람을 고용한다면 회사는 더욱 발 전할 것이다.

12. 혁신을 격려하라. 변화는 우리의 생명력이요, 정체하는 것은 곧 죽음이다.

13. 뭔가 독특한 것을 광고하라.

14. 무질서한 무지보다는 체계적인 지식을 장려하라.

15. 천재성이 발휘되기까지 기다려 주어야 한다.

16. 빅 아이디어로 만들어지지 않은 광고는 한밤중의 배처 럼 불안한 항해를 하게 된다.

17. 부정적이고 어두운 분위기를 퍼뜨리는 자를 조심하라.

18. 오길비 앤 매더는 광고회사로서 크게 두 가지 일을 하는 데, 하나는 클라이언트를 개발하는 것이고 다른 하나는 젊은 광고인을 교육하는 것이다.

19. 사람들에게 당신이 광고하는 제품의 구매를 강요할 수 는 없다.

20. 소비자는 멍청하지 않다. 소비자를 당신의 부인처럼 생 각하라.

21. '일을 열심히 한다고 해서 사람이 죽는 것은 아니다. 무

료함이 사람을 죽일 수 있다.'는 스코틀랜드 격언을 명심하라.

22. 교육은 인턴사원만 받는 것이 아니다. 교육은 지속적으로 이루어져야 하며 모든 임직원에게 해당되는 과정이다. 더 많이 알게 될수록 클라이언트에게 더 나은 서비스를 제공할 수 있다.

23. 위대한 광고가 성과를 발휘하기 전에 내려지는 경우도 있다.

24. 실수를 인정하는 것이 중요하다. 당신이 더 큰 손실을 입는 것을 막아줄 것이다.

25. 광고회사에 정상적으로 지불해야 하는 비용을 깎는다고 클라이언트가 이익을 보는 것은 아니다.

26. 클라이언트에게는 없는, 그리고 절대 고용하지 않을 사람을 고용하라.

27. 지속적인 가격할인 정책은 소비자가 제품에 자부심을 갖는 것을 저해한다. 가격할인을 바람직하게 보일 방법을 모색해야 한다.

28. 규정과 규율에 얽매이지 마라.

29. 카피의 모든 단어가 주의 깊게 고려되어야 한다.

30. 채용과 진급에 관한 모든 편견을 버려야 한다.

31. 당신이 제품에 관해 거짓말을 하면 정부에 고소당할 것이고, 소비자는 다시 당신의 제품을 사려고하지 않을 것이다.

32. 빅 아이디어는 대부분 단순하다.

33. 전략을 수립할 때에는 하나의 단순한 소구 포인트를 제시하는 것이 중요하다.

34. 비주얼 메시지는 카피보다 더 중요하다.

35. 소화기를 광고할 때는 불로 시작하라.

36. 소비자가 구입하는 것은 제품이지 TV광고가 아니다.

37. 사람들은 당신의 광고를 보기 위해 TV 앞에 있는 것이 아니다.

38. 탁월한 아이디어는 기획이나 리서치 부서에서도 나올 수 있다. 아이디어를 얻기 위해서는 모든 것을 활용해야 한다.

39. 광고는 레이더 탐지기처럼 시장에 출시되는 모든 관련 제품을 탐지할 필요가 있다.

40. 사람들을 당신의 사무실로 호출하는 대신 그들의 사무실을 방문하라.

41. 나는 상관에게 아첨하는 자를 경멸한다. 그런 사람들은 대개 부하직원들을 괴롭힌다.

42. 많은 광고는 위원회 미팅과 비슷하다.

43. 기립해 있는 군대가 볼 광고를 만드는 것이 아니다. 움직이는 퍼레이드를 위한 광고를 만들어라.

44. 필요할 때마다 담당 클라이언트를 바꾼다면 당신의 포트폴리오는 매년 백지상태일 것이다.

45. 기획과 크리에이티브가 견원지간일 수밖에 없다는 생각은 난센스다.

46. 나는 항상 클라이언트의 제품을 사용한다. 클라이언트에 대한 예의라고 생각한다.

47. 클라이언트는 자신의 돈과 회사의 미래를 당신의 본능에 걸 수 없다.

48. 유망한 클라이언트에게는 우리 갑옷의 틈에 대해 솔직히 이야기한다.

49. 일단 약속하면 어떤 어려움이 있어도 지켜야 한다.

50. 나는 다른 사람들을 사람답게 대하는 품위있는 매너를 갖춘 사람들을 존경한다.

Chapter

2

CEO,
뛰는 직원 위를 날아라

좋은 클라이언트를 유지하려면

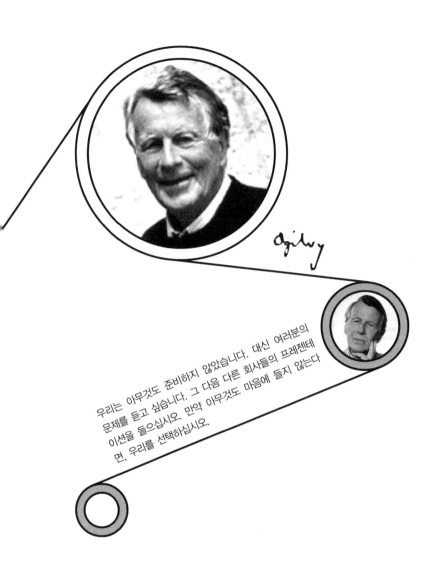

우리는 아무것도 준비하지 않았습니다. 대신 여러분의 문제를 듣고 싶습니다. 그 다음 다른 회사들의 프레젠테이션을 들으십시오. 만약 아무것도 마음에 들지 않는다면, 우리를 선택하십시오.

재기 넘치는 젊은이들을 찾습니다

15년 전 펜실베니아의 이름 없는 담배 농사꾼이었던 나는 지금 미국에서 둘째 가라면 서러운 광고대행사의 대표이다. 우리 회사의 광고 경비는 연 5천5백만 달러(약 550억 원)이고 급료 총액은 500만 달러(약 50억 원)에 달하며, 뉴욕과 시카고, 로스앤젤레스, 샌프란시스코, 토론토에 사무실을 두고 있다.

어떻게 이런 일이 있을 수 있을까? 나의 아미시Amish[●] 친구들의 말처럼 "정말 놀라운 일이다." 1948년 회사창립일에 나는 이렇게 선언했다.

• • •

● 메노나이트 교회에 속하는 보수적인 프로테스탄트 교회의 교파로 주로 미국의 펜실베이니아주州 · 오하이오주 · 인디애나주 등 여러 곳에 집단적으로 거주하며 새로운 문명을 완강히 거부하는 특징을 가지고 있다.

우리 회사는 살아남기 위해 싸워야만 하는 신생 대행사입니다. 당분간 우리는 야근을 불사해야 할 것이며 급료도 충분하지 않을 것입니다.

사람을 고용하는 데 있어 나는 젊음을 중요하게 생각합니다. 우리는 재기 넘치는 젊은이들을 찾습니다. 아첨꾼이나 돈만 밝히는 사람은 필요 없습니다. 나는 훌륭한 두뇌의 신사를 원합니다.

대행사는 직원들의 실력만큼 성장합니다. 비록 시작은 초라하지만, 우리는 1960년대가 오기 전에 이 회사를 훌륭한 회사로 일굴 것입니다.

다음날 나는 가장 유치하고 싶은 5대 클라이언트 리스트를 작성했다. 제너럴 푸드General Foods, 브리스톨 마이어스 Bristol-Myers, 캠벨 수프Campbell Soup Company, 레버 브라더스 Lever Brothers, 그리고 쉘Shell까지. 그땐 이런 나를 보고 미쳤다는 사람도 있었지만 나중에 우리는 이들 모두를 클라이언트로 모시게 되었다.

당시만 해도 이런 대형 클라이언트는 뜻밖에 기대주로 부상한 광고대행사와 계약을 맺곤 했다. 당시 어느 대형 광고대행사의 사장이 카멜Camel 담배 광고계약을 섭외하면서 30명의 카피라이터들을 배정하겠다고 약속하자, 레이놀드 Raynolds 사장은 "훌륭한 사람 한 명은 어떨까요?"라고 받아 쳤다. 결국 그 일은 빌 에스티Bill Esty라는 젊은 카피라이터에게 맡겨졌고, 그 대행사는 28년 동안 계속 카멜 담배의 대행을 맡았다.

1937년 월터 크라이슬러Walter Chrysler는 재직 32년째 되던 해에 새 차 플라이무스Plymouth의 광고를 스터링 겟첼 Sterling Getchel에게 맡겼다. 1940년 애드 리틀Ed Little은 콜게이트Colgate 광고의 상당수를 혜성같이 등장한 광고대행사 테드 배이츠Ted Bates에 맡겼다. 또한 제너럴 푸드는 영 앤 루비컴Young & Rubicam을 선택했는데, 그들이 광고대행사를 창업한 지 1년이 채 지나지 않았을 때였다. 영 앤 루비컴의 창립자 중 한 명인 존 오르 영John Orr Young은 퇴직 후 클라이언트들에게 다음과 같이 조언하였다.

만약 당신이 특별한 에너지와 대담함으로 스스로를 이끌 수 있는 젊은이들을 찾아낸다면 헤아릴 수 없이 많은 이익을 얻을 것입니다.

대행사를 선택할 때 반드시 짚고 넘어가야 할 기준은 큰 책상이나 부서의 규모 같은 것들이 아닌 그 회사가 가진 크리에이티브의 발전가능성입니다.

성공한 광고는 당시 명성을 얻고 있던 대행사의 패기와 야망, 그리고 에너지를 얻은 클라이언트들에 의해 성취된 것입니다.

평범한 클라이언트들조차 점점 시장가치를 높여가고 있는 광고대행사들의 서비스를 선호했던 것입니다.[*]

내가 이 사업에 뛰어들었을 당시 대형 클라이언트들은 어느 때보다도 신중했고, 신은 거대 군단들 편에 서 있었다. 1916년부터 제이월터톰슨 J. Walter Thompson사의 사장으로 근무하던 스탠리 레조 Stanley Resor 는 이렇게 나를 얼렀다. "대기업 집중현상은 광고업계에도 나타나고 있네. 큰 클라이언트들은 너무 많은 분야의 서비스를 요구하기 때문에 규모 있는 광고대행사들만이 그 업무를 담당할 수 있지. 자네,

• • •

[*] John Orr Young(1948), *Adventures in Advertising*, Harper

이만 꿈을 접고 우리와 합류하는 건 어떤가?"

첫 클라이언트를 찾아 나서던 초창기 시절, 마치 마술과 같았던 나의 전략을 전하고자 한다. 나는 잠재고객들에게 전형적인 광고대행사의 라이프사이클을 생각해 보라고 하였다. 그들의 부흥과 필연적 몰락, 다이너마이트처럼 시작했지만 곧 부패하고 못쓰게 되는 일련의 과정을 말이다.

2, 3년마다 엄청난 잠재력을 지닌 새로운 광고대행사가 생겨납니다. 이런 신생 광고대행사에는 열정을 가지고 열심히 일하는 다이너마이트 같은 인재들이 많기 때문에 도태되어 가는 대행사들의 클라이언트를 빼앗아 갑니다.

그렇게 몇 해만 지나면 광고대행사의 창업자들은 부자가 되고 이내 지쳐버립니다. 이에 따라 그 회사의 크리에이티브 불꽃은 꺼져가고 사화산이 되는 것입니다.

어쩌면 그 광고대행사는 계속 잘 될 수도 있습니다. 처음의 에너지가 아직 다하지 않았기 때문이겠지요. 막강한 연줄이 남아 있기도 하고요. 하지만 이미 너무 커버렸기 때문에 과거의 성공에 기댄 따분하고 판에 박힌 캠페인을 재생해냅니다. 그리고 서서히 부패하기 시작합니다. 이제 그 회사는 부수적인 서비스만을 강조하며 바닥난 크리에이티브를 숨기고자 할 것입니다. 이 단계에 이르면 대행사는 활력이 넘치는 새로운 대행사들에게 클라이언트를 빼앗기겠죠. 당장 그렇게 사라진 왕년의 광고대행사들의 이름을 읊조릴 수도 있습니다. 지금은 찾아볼 수 없게 된 대행사들의 복도에는 회사가 무너지기 한참 전부터 슬픈 속삭임이 들려왔다지요.

이 시점에서 나는 정곡이 찔려 두려움에 떠는 클라이언트들을 보게 된다. 아마도 내가 그들이 계약하고 있는 광고대행사의 이야기를 하고 있기 때문이 아닐까? 창업 14년이 지난 오늘, 나는 앞서 말한 고약한 운명이 불쾌할 뿐이다. 스콜라 철학자인 나의 삼촌 험프리 롤러스톤 경은 의사들에 대해 다음과 같이 말했다. "먼저 그들은 성공을 하고, 명예를 얻은 후, 정직해진다." 나는 이제 정직함의 단계에 다가가고 있다. 하지만 나의 통장 잔고가 바닥을 드러냈을 때에는 모든 것이 달라 보였다. 길버트 해적왕의 말처럼.

먹이를 향해 돌격할 때
나는 왕처럼 배불리 먹는다.

나는 다른 잘난 왕들보다 더 많은 배를 침몰시켰다.
최고의 왕위에 앉아있는 왕들이
왕관을 자신의 차지라고 주장한다면
그들은 나보다 더 더러운 일들을 해야만 할 것이다.

편견을 넘어 자기 자신부터 광고하라

딜러들에게 개인방문을 이용하여 물건을 팔라고 했던 헨리 포드Henry Ford⊛의 충고에 따라 나는 아직 광고대행사와 계약을 맺지 않은 클라이언트들에게 접근하기 시작하였다. 이미 대행 계약 중에 있는 다른 대행사들을 밀어내기에는 아직 내 위치가 확고하지 않기 때문이다. 당시 내 첫 공략대상은 매년 4만 달러를 광고에 쏟아 붓던 자기瓷器 회사 웨지우드 차이나Wedgewood China였다. 웨지우드 씨와 그의 광고매니저들은 나를 정중하게 맞아 주었다.

　　그는 말했다. "우리는 광고대행사를 좋아하지 않습니

• • •

⊛ 자동차 왕으로 불리는 미국 자동차 회사 '포드'의 창립자

다. 그들은 매우 성가시죠. 그래서 우리는 직접 광고를 만듭니다. 우리 광고에 문제가 있나요?"

나는 대답했다 "전혀 그렇지 않아요. 저는 그 광고들을 좋아합니다. 하지만 당신 회사를 위한 광고 지면을 우리가 살 수 있도록 허락만 해주신다면, 우리 몫의 커미션은 잡지사에서 지급할 것입니다. 당신들에게는 아무 부담이 없습니다. 그러면 다시 방문하지 않겠습니다."

헨스레이 웨지우드Hesleigh Wedgewood는 친절한 사람이었고, 다음날 아침 우리는 우리와 정식으로 일해 보겠다는 내용의 편지를 받았다. 그렇게 우리는 함께 일을 시작하였다.

하지만 내 자본금은 6천 달러밖에 되지 않았으므로 커미션을 받기 전까지는 빚을 질 수밖에 없었다. 하지만 다행히도 나의 친형 프랜시스Francis는 런던의 유명 광고대행사 매더 앤 크로우더Mather & Crowther Ltd.의 전무이사였다. 형님은 자신의 파트너들을 설득해 내 자본금을 보충해주었고, 그들의 이름을 빌릴 수 있도록 해주었다. 또한 영국계 광고대행사 S. H. 벤슨S. H. Benson Ltd.에서 근무하는 내 오랜 친구 바비 비반Bobby Bevan도 같은 도움을 주었으며, 프랜시스 메

이넬 경Sir Frsncis Meynell은 스태포드 크립스 경Sir Stofford Cripps
에게 대서양 횡단 투자를 허락하였다.

바비와 프랜시스는 우리 회사의 사장이 미국인이어야
한다고 고집했다. 그들의 동향인 영국계 인사로는 미국 제
조업계 사람들을 설득할 수 없을 거라고 생각한 모양이다.
그들의 예상처럼 영국인이나 스코틀랜드인이 미국 광고업
계에서 성공할 수 있을지도 모른다는 기대는 어리석은 생각
이었을지도 모른다. 광고는 영국 사람들의 전문분야가 아니
기 때문이다. 사실 영국인들은 광고라는 개념 자체를 싫어
했다. 1848년에 〈펀치Punch⦿〉에는 다음과 같은 내용의 글이
게재되었다.

"자, 상인의 나라가 됩시다. 그렇다고 광고인의 나라가
될 필요는 없습니다." 영국에서 지금까지 살아있는 5천5백
명의 기사, 준 남작, 그리고 귀족들 중 광고인은 단 한 명뿐
이다.

미국은 비교적 광고와 광고인들에 대한 편견이 적은 편

• • •

⦿ 1841년에 창간되어 1992년에 폐간된 만화 위주의 주간지. 평론과 함께 실린 실랄한
정치·사회 풍자는 당시 중산지식층의 인기를 끌었다.

88

이다. 프록터 앤 갬블Procter & Gamble의 광고매니저였던 네일 맥엘로이Neil McElroy는 아이젠하워 정부 때 국방부 장관을 지내기도 했었다. 메디슨 가를 거쳐 간 체스터 보울즈Chester Bowles 역시 코네티컷의 주지사, 인도 대사, 국무 차관을 역임했다. 하지만 사실 미국에서도 광고인이 정부의 요직을 차지하는 경우는 드물다. 하지만 광고인들의 상당수가 변호사나 교수, 은행업자, 기자들보다 능력이 뛰어나다는 점이 나를 안타깝게 한다.

광고인들은 문제와 기회를 파악하는 데 준비된 사람들이다. 그들은 장기·단기 목표를 세울 수 있고, 결과를 측정할 수 있으며, 큰 실무단을 지휘할 수도 있다. 또한, 여러 위원회에서 명쾌하게 발표할 수 있는 능력도 지니고 있으며, 예산을 운영하는 방법도 잘 알고 있다. 다른 광고대행사의 선배들을 관찰해 봤을 때, 그들은 대등한 위치에 있는 법조인, 교사, 은행업자, 기자들보다 더 객관적이고, 조직화되어 있으며, 열정적이고, 열심히 일한다.

당시 우리 대행사를 대표할 미국인 실무자에게 내가 해줄 수 있는 일은 별로 없었다. 하지만 몇 달에 걸친 섭외 끝에 제이월터톰슨 시카고 지사의 앤더슨 휴잇Anderson Hewitt을 사장으로 초빙할 수 있었다. 그는 에너지가 넘쳤고 갑부들 앞에서도 당당했으며 침이 고일 정도로 좋은 연줄을 가지고 있는 사람이었다.

휴잇은 1년 만에 엄청난 광고를 둘이나 따냈다. 우리 회사의 카피팀 대표로 명성을 날리고 있던 존 라 파지John La Farge의 도움으로, 그는 수노코Sunoco 건을 착수할 수 있었다. 3개월 후 그의 장인 아더 페이지Arther Page는 체이스 뱅크 Chase Bank와 우리를 연결해 주었다. 자본이 부족할 때에도 휴 잇은 JP모건 앤 컴퍼니JPMorgan & Company를 설득하여 당시 회장이었던 그의 삼촌 레핑웰Leffingwell의 신용만으로 담보 없이 10만 달러를 빌려냈다.

하지만 우리의 협력관계는 불행히도 거기까지였다. 우리는 의견 차이를 직원들에게 숨기려고 했지만 아이들은 부모가 싸우는 사실을 알게 되기 마련이다. 초스피드의 성공은 4년 동안 지속적으로 불화의 씨앗을 키워 회사를 둘로 분열시키는 결과를 초래하였다. 관련된 인사들의 숱한 고뇌의 과정을 거쳐, 앤더슨은 사임했고, 나는 우리 회사의 사장이 되었다. 지금에야 말하지만 나는 내 파트너가 다른 대행사로 옮겨 좋은 성과를 낸다는 사실을 다행스럽게 여겼다.

처음 경영을 맡았을 당시, 우리는 3천개의 다른 대행사와 경쟁을 시작했다. 먼저 우리는 무명에서 벗어나 클라이언트들의 쇼핑리스트에 올라야만 했다. 우리는 그 일을 예상보다 훨씬 빨리 이루어냈다.

먼저 나는 10여개 광고 관련 잡지기자들을 오찬에 초대하였다. 나는 그들에게 바닥부터 시작해서 최대 규모의 광고대행사를 만들겠다는, 상식을 뛰어넘는 야망에 대해 이야기했다. 그러자 그들은 내게 아무런 대가 없이 새로운 사업에 대한 정보를 주었고, 내가 발표하는 사소한 내용까지도 잡지에 실어 주었다. 로저 리브스Roger Reeves*는 업계소식지에 우리와 관련된 소식이 없으면 우리 회사 직원은 화장실도 가지 않느냐고 항의할 정도였다.

두 번째로 나는 에드워드 버네이즈Edward L. Bernay**의 조언에 따라 일 년에 두 번 이상 연설을 하지 않았다. 따라서

• • •

* 1950년대 고객입장에서의 필요충족에 중심을 둔 차별화Unique Selling Proposition를 주장한 광고인

** 심리학을 PR에 접목시켜 PR이라는 영역을 사회과학적으로 접근하는 데에 명확한 초석을 세운 미국 'PR의 아버지'

내 연설은 메디슨 가에 큰 물의를 일으키도록 계산되었다. 첫 연설은 아트디렉터즈 클럽에서 있었는데, 나는 광고 그래픽에 관해 알고 있는 모든 것을 쏟아놓았다. 그리고 집에 가기 전에 모든 아트디렉터에게 '좋은 레이아웃을 위한 규칙 39가지'를 담은 인쇄물을 나눠주었다. 이미 고전이 된 이 규칙들은 아직도 메디슨 가에 회자되고 있다.

다음 연설에서 나는 대학에서 가르치는 광고강의의 어이없음을 비난했고, 이어서 자격증을 발급하는 광고대학 설립을 위해 1만 달러를 기증하였다. 이와 같이 말도 안 되는 제안들은 제대로 먹혀들었다. 업계지 기자들은 곧 새로운 일이 생길 때마다 내게 의견을 묻기 시작했다. 그때마다 나는 항상 나만의 의견을 말하였고, 그 말은 곧 인용되었다.

세 번째로 나는 연구원, PR 컨설턴트, 경영 엔지니어, 매체 세일즈맨과 함께 대형 클라이언트들과 관계를 맺고 있는 사람들과 친분을 쌓기 시작하였다. 그들은 내가 그들의 미래 사업에 도움이 될지 모른다는 가능성을 보았겠지만, 나는 그들을 우리 회사의 장점을 알리는 도구로 활용하였다.

네 번째로, 나는 다양한 업종에 종사하는 잠재고객 600

명에게 정기적으로 업무진행 보고서를 송부했다. 그러자 상상도 못할 대기업에서 내 DMDirect Mail을 읽기 시작했다. 예를 들어, 주류 회사인 시그램Seagram의 광고를 따내고자 했던 시절, 샘 브로프만Sam Bronfman은 내가 보낸 16장의 편지의 마지막 두 문장을 읽고 우리와 계약했다.

만약 내가 스스로를 광고했던 것에 충격을 받은 고상한 독자가 있다면, 나는 이렇게 항변하고 싶다. 내가 그러지 않았더라면 지금의 자리에 이르는 데에 20년은 족히 더 걸렸을 것이다. 내겐 기다릴 시간도, 돈도 없었다. 나는 가난했고, 무명이었기 때문에 머뭇거릴 수 없었다.

나는 새벽부터 자정까지 일주일에 6일을 일하며 신생이나 다름없는 우리를 선택해 준 클라이언트들을 위해 캠페인을 만들었고, 그 중 몇몇은 광고계의 역사로 기록되었다.

처음 우리는 클라이언트라면 가리지 않고 받아들였다. 거북이 장난감, 특허 출원된 머리 빗, 영국의 오토바이 등등. 하지만 나는 항상 처음 목표로 했던 다섯 클라이언트를 염두에 두고 있었기에, 이익이 얼마 되지 않더라도 재투자하여 이 다섯 회사의 관심을 끌 만한 회사를 만들기 위해 내가 할 수 있는 노력을 다하였다.

　나는 항상 잠재고객들에게 우리 광고로 우리 클라이언트가 얼마나 많은 이득을 보았는지 보여주고 싶었다. "우리가 광고한 제품은 모두 판매량이 올랐습니다." 사실 이렇게 말하면서도 고개를 똑바로 들 수 없었다. 한 회사의 판매량이 지난 21년 동안 6배가 오르지 않았다면, 그 회사의 성장률은 평균에도 못 미치는 것이었기 때문이다.

　1945년만 해도 몇몇 광고대행사들은 지극히 평범한 포트폴리오만으로 큰돈을 벌고 있었다. 그들은 그저 치솟아오르는 경제상황을 따라가기만 하면 그만이었다. 판매가 급등하고 있는 시점에서 클라이언트를 모셔오려면 광고대행사는 매우 비상한 능력을 지녀야 했다. 반면 경기가 곤두박질치면 늙은 화석 같은 회사들은 잊혀져가고 활력이 넘치는 새로운 광고대행사들만이 급부상하게 된다.

　첫 클라이언트를 유치하는 것은 신생 광고대행사에겐 너무 고된 일이다. 신뢰할 만한 이유도, 성공의 기록도, 좋은 평판도 없기 때문이다. 이런 단계에서는 표본 설문조사를 실시하여 잠재고객이 관여하는 사업의 몇몇 분야를 조사하는 것도 도움이 된다. 설문조사 결과를 제시하면 대부분의 클라이언트는 호기심을 보인다.

나는 지난 25년 동안 대행사를 17번이나 바꾼 헬레나 루빈스타인Helena Rubinstein을 상대로 이 방법을 처음 시도해 보았다. 당시 이 회사의 광고는 회장의 막내아들 호레이스 타이터스Horace Titus가 운영하던 대행사가 맡고 있었는데, 우리가 준비한 조사 자료는 그의 광고가 효과가 없다는 것을 증명하고 있었다.

루빈스타인 여사는 우리의 조사에는 관심을 보이지 않았으나, 그 자료를 바탕으로 한 몇 가지 광고를 제시하자 큰 관심을 보였다. 특히, 나의 아내가 루빈스타인 살롱의 트리트먼트를 받기 전과 후를 비교한 광고에 지대한 관심을 표현했다.

"당신 부인은 훨씬 예뻐졌군요."

놀랍게도 호레이스 타이터스는 우리에게 광고를 주도록 어머니를 설득했고, 그녀는 그 말에 따랐다. 그 후 호레이스와 나는 8년 후 그가 세상을 떠날 때까지 좋은 관계를 유지하며 친구로 지냈다.

1958년, 우리 회사를 고용한다면 어떤 광고를 보여줄 수 있냐며 뉴저지 소재의 스탠더드 오일Standard Oil®이 우리를 섭외했다. 열흘 후 나는 14개의 캠페인을 선보여 그 광고를 따낼 수 있었다. 새로운 사업을 사냥할 때 크리에이티브와 밤샘작업은 행운 다음으로 가장 유용한 무기이다.

한번은 브로모 셀쳐Bromo Seltzer의 광고를 따기 위해 투기에 가까운 대형 프레젠테이션(위험도 크지만 성공할 경우 수익이 높은)에 3만 달러를 투자한 적이 있다. 이 프레젠테이션은 대부분의 두통이 정신적인 문제 때문에 발생된다는, 논쟁의 여지가 있는 논문을 바탕으로 한 것이었다. 하지만 결국 당시 광고매니저였던 르몽 빌링스Lemoyne Billings는 레넨 앤 뉴웰Lennen & Newell의 프레젠테이션을 선택했다.

오늘날 우리 회사는 대형 프레젠테이션을 만들 시간도, 그럴 배짱도 없다. 대신, 잠재고객들에게 우리의 업적을 보여주고, 정책을 설명하며, 부서장들을 소개한다. 우리는 우리를 숨기지 않고, 있는 그대로의 모습을 보여주려 한다. 그

• • •

®미국 석유시장의 90퍼센트를 장악했던 석유 회사. 미국의 독점 금지법인 셔먼 반트러스 법Sherman Antitrust Act에 의해 1911년 30개의 기업으로 분할되었다.

러고 나서 클라이언트가 우리를 마음에 들어 한다면 계약은 성사될 것이다. 만약 그렇지 않더라도 우리는 그들 없이도 잘 살 수 있다.

KLM 로얄 더치 에어라인 Royal Dutch Airline 이 대행을 바꾸고자 마음먹었을 때, 그들은 우리 외에도 4개의 광고대행사를 회사로 불러들여 대형 캠페인을 의뢰했다. 우리 회사는 첫 번째로 프레젠테이션을 했는데, 나는 이렇게 PT를 시작하였다. "우리는 아무것도 준비하지 않았습니다. 대신 여러분의 문제를 듣고 싶습니다. 그 다음 다른 회사들의 프레젠테이션을 들으십시오. 그들은 모두 준비가 되어 있으니까요. 만약 그들 중 하나가 마음에 든다면, 여러분의 선택은 어렵지 않을 것입니다. 만약 아무것도 마음에 들지 않는다면, 우리를 선택하십시오. 그때부터 우리는 연구를 시작하겠습니다. 우리는 광고를 만들기 전에 반드시 조사를 합니다."

클라이언트는 나의 이 냉정한 제안을 받아들였고, 다른 모든 대형 프레젠테이션을 보고받은 5일 후 우리와 계약했다. 나는 정말 기뻤다.

잠재고객 내 편 만들기

하지만 모든 클라이언트가 이런 식으로 우리와 계약을 한다고 볼 수는 없다. 저지Jersey나 헬레나 루빈스타인의 경우처럼 경쟁 프레젠테이션이 더 유리한 때가 있고, 때로는 KLM의 경우와 같이 경쟁 프레젠테이션을 거부하는 게 더 좋을 때도 있다. 새로운 사업에서 가장 큰 성공을 거두는 대행사들은, 잠재고객의 심리를 가장 예리하게 파악할 줄 아는 대표가 이끄는 회사들이다. 완고함과 세일즈맨 정신을 모두 갖추기란 쉽지 않다.

하지만 대부분의 경우에 효과적인 전략도 있다. 잠재고객이 모든 것을 말하도록 만들면 된다. 더 많은 말을 들어줄수록 상대는 당신이 더 똑똑하다고 생각할 것이다. 어느 날, 나는 지퍼를 만들어 큰 재산을 벌어들인 러시아 노인 알렉산더 코노프를 방문하였다. 그는 뉴워크에 있는 회사를 선보인 후(모든 부서는 가방 만드는 데 사용되는 6피트짜리 지퍼로 장식되어 있었다), 기사가 운전하는 캐딜락에 나를 태워 뉴욕으로 갔다. 그때 나는 많은 클라이언트들이 잘 읽지 않는 잡지 〈뉴 리퍼블릭The New Republic〉이 그의 손에 들려 있는 것을 보고는,

"당신은 민주당인가요. 공화당인가요?" 하고 물었다.

"난 사회주의자라네. 러시아 혁명 때 열심히 활동했지."

그래서 나는 케렌스키Kerenskit*를 아는지 물어보았다.

"그 혁명이 아닐세." 그는 콧방귀를 끼며 말했다.

"1904년의 혁명을 말하는 거지. 어렸을 때엔 담배공장까지 5마일을 맨발로 눈을 밟으며 일하러 다니곤 했어. 내진짜 이름은 카가노비치Kaganovitch라네. FBI는 나를 폴리트부로Politburo에 있는 카가노비치의 동생인 줄 안다네. 큰 실수지." 그러면서 그는 크게 웃었다. "내가 처음 미국에 왔을때, 나는 피츠버그에서 시간당 30센트를 받으며 기계공으로일했지. 아내는 수놓는 일을 했고. 일주일에 14달러씩을 받기로 되어 있었지만 결국엔 돈을 받지 못했다네."

이 자존심이 하늘 높을 줄 모르는 백만장자 사회주의자는 계속 자신의 이야기를 하며 레닌과 트로츠키가 망명했던당시 그들과 친분이 있었다고 말했다. 나는 인내심을 가지고 계속 그의 말을 들었고 결국 광고를 따낼 수 있었다.

• • •

◉ 소련의 정치가. 1917년 2월 혁명 후 사회 혁명당 당수로서 임시 정부의 수상 겸 총사령관에 취임하여 반혁명 세력의 중심이 되었다.

침묵은 금이다. 얼마 전, 앰펙스Ampex의 광고매니저가 새로운 광고대행사를 스카우트하러 나를 찾아 왔다. 나는 그날 점심을 너무 많이 먹어서 말할 힘조차 없는 상태였다. 그래서 나는 그에게 자리에 앉으라고 손짓하고는, 금방이라도 질문할 것 같은 눈빛으로 그를 바라보았다. 덕분에 그는 한 시간 내내 혼자 떠들어댔고 나는 그가 내 친절에 감탄했음을 느낄 수 있었다. 이런 경우, 보통의 광고대행사들은 말을 꺼내기 때문이다. 이어서 그는 내게 앰펙스의 전축으로 음악을 들어본 적이 있냐는 생각지도 못한 질문을 했고, 나는 고개를 저었다.

"집에 가서서 한번 저희 제품을 사용해 보세요. 여러 가지 디자인이 있답니다. 지금 댁의 인테리어는 어떤 스타일인가요?"

나는 아무 말 없이 어깨를 들썩했다.

"현대식인가요?"

나는 여전히 고개를 저었다. 조용하고도 강인한 사람처럼.

"미국 초창기 스타일인가요?"

다시 한 번 나는 고개를 저었다.

"18세기 스타일인가요?"

나는 고개를 끄덕였지만 여전히 말을 하지 않았다. 일주일 후, 앰펙스 전축이 집에 도착했다. 전축은 매우 훌륭했지만, 내 파트너는 이 클라이언트로 이익을 내기에는 무리라고 판단했으므로 포기할 수밖에 없었다.

광고를 따낸 후 작업에 착수하는 것은 매우 중요한 일이다. 다른 사람의 돈을 사용해서 하는 일인 데다가 그들의 운명이 우리 손에 달려있기 때문이다. 새로운 클라이언트를 사냥하는 일은 스포츠와 비슷하다고 생각한다. 너무 완강한 자세로 뛰어든다면 위궤양으로 죽을지도 모른다. 하지만 다소 가볍고, 즐거운 마음으로 임한다면 실패하더라도 살아남을 수 있고, 잠도 충분히 잘 수 있을 것이다. 이기는 것을 목표로 해야겠지만 재미도 느껴야 한다는 말이다.

젊었을 때 런던에 있는 꿈의 집 전시회Ideal Homes Exhibition에서 스토브를 판매하는 일을 한 적이 있다. 물건 하나를 파는 데 45분이 걸렸다. 당시 가장 큰 문제는 수많은 사람들 중에서 4백 달러나 하는 이 비싼 스토브를 살 만한 부자를 찾아내는 일이었다. 나는 부자들의 냄새를 맡는 법을 배웠다. 그들에게서는 이튼 학교의 넥타이처럼, 귀족을 상징하는 터키산 담배 냄새가 났다.

후에 나는 이런 식으로 대형 클라이언트들을 탐색하는 기술을 발전시켰다. 어느 날 나는 뉴욕에서 열린 스코틀랜드 의회의 오찬에 초대받았고, 그곳에서 만난 사람 중 네 명에게서 내 클라이언트가 될 것 같다는 느낌을 받았다. 그리고 결국 내 느낌은 사실이 되었다.

내가 따냈던 가장 큰 광고는 쉘*이었다. 쉘은 우리가 만든 롤스로이스Rolls-Royce** 광고를 흡족해 했고, 우리 회사를 자신들이 염두에 두고 있는 광고대행사 후보 리스트에 포함시켰다. 쉘은 후보로 지명된 모든 광고대행사에게 탐색의 의도를 짐작하게 하는 긴 질문지를 보냈다.

나는 클라이언트들이 광고대행사를 선택하는 기준을 세우기 위해 사용하는 질문지를 매우 싫어한다. 그래서 받자마자 그것을 쓰레기통에 던져버렸다. 쉘에서 스탈 마이어

• • •

⦿ 　석유, 천연가스, 석유화학제품 등을 생산하는 브랜드
⦿⦿ 영국의 고급자동차 및 항공기 엔진 제조회사

가 질문지를 보냈다고 전화로 알려 왔을 때, 나는 스탈 마이어가 누구냐고 답했다. 결국 밤새 질문지를 작성하긴 했지만… 질문에 대한 내 대답은 관습적이기보다는 매우 솔직한 편이었고, 나는 이것이 뉴욕 필하모닉의 공동감독을 거쳐 당시 쉘의 사장직을 맡고 있던 맥스 번즈Max Burns에게 좋은 느낌을 줄 것이라 생각했다. 물론, 그에게까지 그 질문지가 전해진다면 말이다. 다음날 나는 그가 영국에 갔다는 소식을 들었고, 그가 묵고 있던 호텔에 그를 만나고 싶다는 메시지를 남겼다. 하지만 열흘이 지나도록 아무 응답도 없었다. 그러나 마침내 전화 교환원이 번즈가 나와 점심을 먹기 원한다는 메시지를 전해줬을 때는 희망을 접기 직전이었지만 이미 스코틀랜드의 국무장관과 점심약속이 있었다. 그래서 나는 번즈에게 다음과 같은 메시지를 보냈다.

오길비 씨는 스코틀랜드의 국무장관과 함께 하원의회에서 오찬을 가질 예정입니다. 당신도 동참한다면 매우 기쁠 것입니다.

하원의회로 가는 길에 — 비가 많이 와 함께 우산을 썼다 — 나는 번즈에게 질문지에 대한 내 대답의 핵심을 알려주었다. 다음날 뉴욕에 돌아온 그는 뒤를 이어 사장직을 맡을 몬로 스팟Monroe Spaght 박사를 소개해 주었다. 그리고 3주 후 스팟 박사는 내게 전화를 걸어와 쉘의 광고는 우리 것이라고 알려 주었다. 난 이 소식을 듣고는 너무 놀란 나머지, "하나님 계속 도와주십시오."라는 말밖에 할 수 없었다.

　우리는 쉘과 계약을 맺었기에 뉴저지New Jersey 소재의 스탠더드 오일을 떠나야 했다. 나는 저지 사람들을 좋아했고, 〈이 주의 플레이Play of the Week〉라는 텔레비전 프로그램을 사수하라고 직접 충고했던 것을 자랑스럽게 여기고 있다. 데이빗 서스킨드David Susskind는 〈라이프Life〉지에 다음과 같이 밝혔다. "만약 의회에 사업 부문에 수여하는 명예의 메달이 있다면 이 프로그램의 스폰서가 받아야 한다." 하지만 내가 이 프로그램의 스폰서십을 유지하기 위해 올드 골드Old Gold와 켄트 담배의 제조사인 로릴라드Lorillard에 15퍼센트의 커미션을 양보해야 했다는 사실은 많이 알려지지 않았다. 로릴라드는 이 프로그램의 선재권을 잡았고, 나는 커미션을 주겠다는 제안만으로 저지에 자리를 내어줄 것을 설득할 수 있었다. 나는 저지가 내 희생을 잘 활용하지 못한 것에 실망했다. 광고대행사는 돈을 받지 않고는 일할 수 없다. 그래서 나는 쉘에 충성하기로 했다.

가끔 나는 새로운 사업을 찾는 과정에서 끔찍한 실수를 범하기도 했다. 브리티시 관광 협회British Travel & Holidays Association의 사장 알렉산더 맥스웰 경Sir Alexander Maxwell을 만났을 당시엔 새로운 클라이언트가 급히 필요한 상황이었다.

그는 처음부터 나를 냉대하였다. "우리 광고는 사실 매우 훌륭하답니다. 나는 광고대행사를 바꿀 마음이 조금도 없습니다."

그래서 나는 대답했다. "헨리 8세가 죽어가고 있을 무렵 모두 그에 대한 진실을 말하는 사람이 목이 잘릴 것이라고 믿고 있었습니다. 그러나 누군가가 그 역할을 해야 했기에 헨리 데니Henry Denny는 용기를 냈습니다. 결국 헨리 왕은 데니의 용기에 매우 감사해 하며 그에게 장갑과 기사 작위를 내렸지요. 헨리 데니경은 나의 조상입니다. 그의 용감한 행동은 제게도 용기를 주어, 당신 회사의 광고가 실은 형편없다고 말하게 하는군요."

맥스웰 경은 격노해서 나와 대화하고 싶어 하지 않았다. 하지만 얼마의 시간이 지난 뒤, 그는 내가 일절 관여치 않는다는 조건 하에 브리티시 관광협회의 광고를 우리에게 주었다. 여러 해 동안 내 파트너들은 내가 이 광고에 관여하고 있다는 사실을 숨겨야 했다. 그러나 결과적으로 우리의 광고는 매우 성공적이어서, 광고가 나간 후 10년 동안 영국을 방문하는 미국인의 수가 4배나 증가하였다. 오늘날 영국은 이탈리아를 제외하고는 유럽의 어느 나라보다도 더 많은 관광수익을 올린다. 〈이코노미스트Economist〉는 이러한 현상에 대해 다음과 같이 평했다. "영국이 작고 습한 섬이라는 점을 감안하면 이것은 깜짝 놀랄만한 성공이다."

알렉산더 맥스웰 경이 얼마 후 사임하였기 때문에 나는 더 이상 숨어있지 않아도 되었다. 지금 사장직을 맡고 있는 사람은 전 각료인 마베인 경Lord Mabane으로, 나는 영국을 방문할 때마다 그가 살고 있는 라이Rye에 위치한 헨리 제임스의 집에 초청받았다. 그의 운전사는 우리에게 껌을 씹겠냐고 물어보아 내 미국인 아내를 놀라게 하기도 했다. 영국 클라이언트들은 기묘한 기질을 지닌 사람을 고용하는 듯하다.

더비Derby 부근 롤스로이스 게스트 하우스의 집사는 매우 무더웠던 어느 날 아침, 노크도 없이 우리 침실에 들어와서는 잠들어있던 내 아내의 귀에 대고 "계란을 삶아 드릴까요, 프라이를 해드릴까요?"라고 소리 질렀다.

우리가 암스트롱 코르크Armstrong Cork의 광고를 따내고자 했을 때, 참으로 이상한 경험을 했다. 처음에 나는 광고매니저 맥스 밴자프Max Banzhof와 펜실베이니아 랜캐스터 근처의 골프장에서 점심을 먹기로 했다. 우리 테이블은 18번 홀이 보이는 곳에 있었고, 맥스는 2시간 동안 골프 이야기로 나를 즐겁게 해주었다. 그에겐 광고대행사를 판단하는 기준이 대표의 골프실력인 것처럼 보였지만 안타깝게도 나는 골프를 좋아하지 않았다. 태어나서 한 번도 골프장에 가 본적이 없을 정도였으니까. 하지만 그 자리에서 솔직히 말하는 것은 광고를 따낼 기회를 놓치는 것과 마찬가지였다. 그래서 나는 애매한 대답을 일관하며 당장은 시간이 없다는 뜻을 내비쳤다. 하지만 맥스는 그 자리에서 한 게임 하자고 제안했고, 당황한 나는 클럽이 없다며 둘러댔지만 그는 "제 것을 빌려 드리죠."라고 했다.

하지만 다행히도 맥스는 소화가 잘 안 된다는 다음 핑계를 받아들여 주었다. 그리고 헤어지기 전에 그 회사의 회장 헤닝 프렌티스Henning Prentis와 40년간 암스트롱의 광고를 책임진 광고대행사의 대표의 친분이 우리가 이 광고를 따내는 데 있어 유일한 걸림돌이라는 것을 귀띔해 주었다.

다음날 행운의 여신은 나의 손을 들어주었다. 도너걸 협회Donegal Society가 미국의 가장 전통있는 장로교회에서 매년 열리는 그들의 친목회에 나를 초청하여 인사말을 할 기회를 준 것이다. 나는 강단에 올라야 했고, 프렌티스 씨는 회원중 한 명이었다. 내 연설은 나의 할아버지와 아버지, 그리고 내가 태어난 6월 23일의 여름날에 초점이 맞추어져 있었다.* 연설의 주제는 미국을 세우는 데 기여한 내 조국사람들의 역할이었다. 하지만 메디슨 가의 스코틀랜드 사람에 대한 직접적인 언급은 피했다.

• • •

*아버지는 대대로 이 신기한 생일의 연속이 이어질 확률이 100분의 1이라고 말했지만 아직까지 성공하지 못했다.

랄프 월도 에머슨Ralph Waldo Emerson과 토마스 캐릴Thomas Carlyle이 스코틀랜드의 시골 길을 거닐고 있었습니다. 에머슨은 에클페찬Ecclefechan의 메마른 토양을 바라보며 캐릴에게 물었습니다. "이런 땅에서 무엇을 키울 수 있나요?" 캐릴은 "우리는 사람을 키웁니다."라고 대답했습니다.

그렇다면 스코틀랜드의 토양이 어떠한 사람을 키운다는 것일까요? 그리고 그들은 미국에서 어떤 사람이 될 수 있을까요? 그들은 열심히 일합니다. 나는 "열심히 일하는 사람은 결코 사람을 죽이지 않는다."는 아버지가 가장 좋아하는 속담을 들으며 자라왔습니다.

패트릭 헨리Patrick Henry는 스코틀랜드 사람이었고, 존 폴 존스John Paul Jones는 스코틀랜드 정원사의 아들이었습니다. 앨런 핑컬튼Allan Pinkerton 역시 스코틀랜드에서 건너와 첩보 활동을 하였습니다. 1861년 2월 링컨의 암살을 처음 밝혀낸 사람이 바로 핑컬튼이었습니다.

미국 대법원의 법관 중 35명이 스코틀랜드인이었고, 실업가들도 아주 많았습니다. 암스트롱 코크 사의 헤닝 프렌티스 씨처럼 랜캐스터 군의 발전에 크게 기여한 사람까지 포함해서 말이죠.

나는 연설 중에 프렌티스 씨의 반응을 살펴볼 수 있었

다. 그는 전혀 기분 나빠 보이지 않았고 몇 주 후 그는 광고 대행을 우리 회사로 옮기는 것에 동의하였다.

우리가 새로운 클라이언트 유치를 위해 참여했던 PT 중 가장 많은 경쟁자를 상대했던 것은 미국여행협회_{United Travel Service} 건이었다. 이 어카운트에는 137개 이상의 광고 대행사가 경쟁을 펼쳤다. 이전에 우리가 만들었던 영국·푸에르토리코 캠페인이 큰 성공을 거두었기에, 우리는 이미 관광지로서의 미국을 광고할 수 있을 만큼 수준 높은 대행사가 되어있었다. 나는 유럽 동료들에게 미국에 대한 내 열정을 전염시키고 싶었다. 치약이나 마가린을 광고하며 살아온 내 인생을 돌아볼 때, 미국을 광고할 수 있는 기회는 꼭 거머쥐고 싶은 변화였다.

이 어카운트를 두고 수많은 경쟁사들은 정치적 영향력을 행사했지만 내게는 아무 힘도 없었다. 그럼에도 불구하고 우리는 최종 6개사의 리스트에 들었고, 워싱턴에 초대받아 프레젠테이션 할 기회를 잡았다. 그런데 같은 메디슨 가의 주민이기도 했던 상무성 차관 윌리암 루더_{William Luder}가 다른 나라에 지국이 부족하다는 내 유일한 약점을 들추어내며, 무자비한 반대심문을 쏟아 붓는 것이 아닌가.

새로운 사업을 위한 프레젠테이션에 수백 차례 참여해본 결과, 미팅이 끝나는 시점이면 이미 성패를 짐작할 수 있었다. 그날 오후 나는 패배를 직감했고, 절망감에 휩싸여 뉴욕으로 돌아왔다. 하지만 열흘이 지나도록 아무런 발표가 없었다. 직원들은 나를 위로하기 시작했고 경쟁사 중 어느 곳이 이 광고를 따낼지 내기를 하기도 했다. 그러던 토요일 아침 나는 웨스턴 유니언Western Union의 전화를 받고 잠에서 깼다. 전화 내용은 상무성 장관이 영국과 프랑스, 독일을 대상으로 하는 "미국을 방문하세요(Visit U.S.A)" 광고의 대행을 오길비 벤슨 앤 매더에 맡기기로 했다는 것이었다.

내게 이것은 30년 전 옥스퍼드대학의 장학금 지급 통보 다음으로 영광스러운 순간이었다. 그러므로 유에스 트래블U. S Travel 여행 서비스를 위해 내가 쓴 광고 하나하나는 그들의 호의에 감사하는 고마움의 편지였다.

우리는 이 캠페인을 내보내기 전 광고가 빈축을 살 수도 있다는 사실을 미리 상무성에 귀띔하였다.

첫 광고가 선보일 때면 아마 꽤 시끄러울 것입니다. 광고에 관한 모든 비판은 우리가 받겠습니다. 하지만 우리는 최종 분석 결과에 따라 변호 받거나 찬사 받게 될 것입니다.

조사 결과, 우리에게 가장 큰 걸림돌이 되었던 것은 유럽 사람들이 미국여행 경비에 대해 너무 과장된 선입견을 가지고 있다는 점이었다. 그래서 우리는 그 문제를 정면 돌파하기로 했다. 우리는 단순히 '생각보다 저렴한 비용으로' 가 아닌, '일주일에 35파운드'라는 명확한 숫자를 제시했다. 이 결과는 조심스러운 검증을 거쳐 도출된 것이었다. 예를 들어 뉴욕소재 호텔의 가장 낮은 가격을 결정하기 전, 우리는 카피라이터들을 보내 하룻밤에 6달러를 받는 윈슬로우 호텔의 침대를 직접 확인해 보도록 했고, 만족스런 결과를 얻었다. 하지만 비평가들은 일주일에 35파운드는 너무 가격을 낮게 잡은 것이 아니냐며 의문을 제기했다. 그들은 현실적인 문제가 무엇인지 제대로 알지 못했던 것이다.

과거 미국여행에서 출장비를 쓸 수 있는 유럽 사람들은 사업가들이나 부자들로 제한되어 있었다. 하지만 시장을 키우기 위해선 보통사람들을 끌어들이는 것이 매우 중요하다.

연방금괴저장소에서는 금이 새어 나가고 있었고, 급히 외화가 필요한 상황이었다.

미국 가정의 절반 이상이 5천 달러 이상의 수입을 벌어들이는 반면 영국 가정의 3퍼센트만이 이 정도 액수의 돈을 만질 수 있었다. 그렇기 때문에 가능한 한 가장 낮은 가격으로 여행 기회를 제공하는 것이 중요했다. 더 쓰고 싶다면 언제든 그렇게 할 수 있기 때문이다.

중상층의 유럽인들이라도 저렴한 가격으로 방문하게 하는 것이 아예 오지 않는 것보다는 더 이익인 것이다. 그들에게 뉴욕과 샌프란시스코의 넓게 트인 장관을 보는 스릴은 여행이 가져다 줄 경제적인 어려움도 이겨내게 할 것이다. 해외 방문객들은 우리에게 매우 절실한 외화를 가져다줄 것이다. 조사 결과, 대부분의 사람들은 미국에 대해 좋은 인상을 가지고 돌아갔다.

유럽 신문에 등장한 우리 광고는 기록을 깨는 독자 수를 확보했고 유에스 트래블의 런던, 파리, 프랑크푸르트 사무실에는 너무 많은 문의전화가 걸려와 직원들이 밤늦게까지 일해야만 했다.

우리 캠페인은 광고계에 전례가 없던, 눈사태 같은 논설 형식의 홍보효과를 일으켰다. 〈데일리 메일Daily Mail〉은 처음으로 스타 기자를 미국으로 보내 다음과 같은 소식을 게재했다.

케네디 대통령은 수백만 명의 유럽인들을 미국 여행에 초대하여 1억8천만 명의 미국인들에게 우리를 친절하게 대하라는 기밀 지시를 내렸다. 그게 아니라면 미국인들이 보여주는 이 당황스러울 정도의 관대함과, 감격스러운 친절함, 그리고 최고의 매너를 어떻게 설명할 수 있겠는가?

〈데일리 익스프레스The Daily Express〉역시 뉴욕의 특파원에게 이 주제에 관련된 기사를 쓰도록 하였다. 〈맨체스터 가디언Manchester Guardian〉의 사설은 아직 3개밖에 등장하지 않은 우리의 광고에 '그 유명한'이라는 수식어를 붙여 주었다. 독일의 저명한 경제신문 〈한델스블랏Handelsblatt〉은 다음과 같은 기사를 실었다. "이것은 매우 진솔한 캠페인이다. 유에스 트래블은 서독의 관광시장에 경적을 울리며 광고를 선보였다."

푸딩의 맛을 확인하려면 먹어봐야 한다. 광고가 나가고 8개월 후 프랑스의 미국 여행은 27퍼센트, 영국은 24퍼센트, 독일은 18퍼센트 증가하였다.

　　1956년, 나는 연례행사와도 같은 클라이언트 공동유치에 다른 광고대행사들과 함께 참여하였다. 벤 소넨버그Ben Sonnenberg는 그레이Grey의 아더 팻Arther Fatt과 나에게 그레이하운드 버스Greyhound Bus를 공동유치하자고 제안하였다. 그는 내게 '버스 여행의 이미지를 업그레이드'시킬 수 있을 안을 준비하라고 했고, 그레이에게는 "사람들을 의자에 앉히라."고 주문을 했다.

　　팻과 나는 그레이하운드 임원들이 회의를 하고 있는 샌프란시스코로 갔다. 호텔에 체크인을 하고 나서 그는 내게 프레젠테이션을 보여주었다. 리서치 전문가들은 문제의 핵심을 꿰뚫고 있었고, 카피라이터들 역시 "운전은 저희에게 맡기고 편안하게 여행하십시오"라는 완벽한 카피를 써냈다.

　　나는 당장 그레이하운드의 광고매니저를 불러 함께 팻의 방으로 가자고 초청했다. "아더 팻은 방금 저에게 우리 연합 프레젠테이션에서 그가 담당한 부분을 보여주었습니다.

내가 본 것 중 최고였죠. 광고 전부를 그레이에게 주는 것이 좋을 듯합니다. 당신의 결정을 돕고자 저는 오늘 뉴욕으로 돌아가겠습니다." 그렇게 나는 떠났고, 그레이는 이 광고를 따냈다.

내키지 않는 거래는 시작도 하지 말 것

나는 덩치가 너무 커서 놓치면 큰일나는 클라이언트는 유치하고 싶지 않다. 그런 일을 시작하는 순간, 공포에 휩싸이게 된다. 겁에 질린 광고대행사는 클라이언트에게 결코 진심어린 충고를 할 수 없다. 그렇다면 당신은 결국 아첨꾼이 되고 말 것이다.

이러한 이유로 나는 에젤Edsel자동차 광고를 따내기 위한 경쟁 프레젠테이션을 거부했다. 나는 포드에게 다음과 같은 편지를 보냈다.

"당신 회사의 광고는 우리가 청구하는 전체 광고 커미션의 반 이상을 차지할 것입니다. 이러한 경우 우리 회사는 독립성을 유지하기 힘듭니다."

만약 우리가 그 경쟁PT에서 이겼다면 오길비 벤슨 앤 매더는 에젤자동차와 함께 하수구로 빠졌을 것이다.

우리는 항상 클라이언트를 선택하면서 많은 진통을 겪곤 하는데, 미처 클라이언트의 선택이 이루어지기 전에 우리가 먼저 그들을 선택하는 경우도 종종 있었다. 하지만 우리는 매년 평균 59퍼센트의 내키지 않는 클라이언트를 거절해 왔다.

사람들은 최고의 대행사들이 그리 많지 않다는 사실을 잘 모르고 있는 것 같다. 예를 들어 한 비누회사가 불러들인 21개의 광고대행사 중에 자격 조건을 갖춘 회사는 단 두 회사밖에 없었다.

내 목표는 2년에 하나씩 새로운 클라이언트를 유치하는 것이다. 너무 빠른 성장은 지금의 직원들을 완벽하게 훈련시키기도 전에 새로운 직원을 채용하게 만들고 최고 인재들의 능력을 새로운 클라이언트를 위한 캠페인 기획에만 치우치게 한다. 나는 다음의 열 가지 기준에 맞는 클라이언트와 일하고 싶다.

1. 우리가 자랑스럽게 광고할 수 있는 제품이어야 한다. 꺼려하던 제품을 대행했던 몇 번의 경우, 우리는 무참하게 실패했다. 변호사는 자신의 변호인이 유죄인 것을 알면서도 변호할 수 있고, 의사도 싫어하는 사람을 고쳐줄 수 있지만, 광고에서는 통하지 않는다. 카피라이터가 물건을 팔려면, 그 제품을 정말 사랑해야만 한다.

2. 기존의 대행사보다 월등히 뛰어난 광고를 만들 자신이 없다면 그 클라이언트는 받아들이지 말아야 한다. 〈뉴욕 타임스 New York Times〉가 우리를 섭외했을 때 나는 전임 광고대행사의 뛰어난 광고보다 더 나은 광고를 만들 자신이 없어서 요청을 거절했다.

3. 장기간 연속적으로 판매량이 떨어지고 있는 제품은 피한다. 대개 이런 경우, 제품 자체에 하자가 있거나 그 회사의 경영진이 무능력하기 때문이다. 이럴 때는 아무리 좋은 광고라 할지라도 제품의 판매율을 올릴 수 없다. 아무리 배고픈 신생 광고대행사라도, 죽어가는 클라이언트를 거절할 줄 알아야 한다. 가끔씩 수술하다 목숨을 잃는 환자가 발생해도 입지가 견고한 의사는 큰 피해를 입지 않는다. 하지만 신출내기 의사는 한번의 불행으로 미래가 흔들릴 수도 있다. 나는 내가 맡은 클라이언트가 죽는 것이 매우 두렵다.

4. 잠재고객이 광고대행사에 이익을 주고자 하는지의 여부가

매우 중요하다. 나는 내 클라이언트를 백만장자로 만들어 주고도 정작 손해를 본 씁쓸한 경험이 서너 번 있다. 보통 광고 대행사의 평균 수익은 제품 판매 이익의 0.5퍼센트밖에 되지 않는다. 우리는 항상 너무 열심히 일해서 손해를 보거나 대충 일해서 해고를 당하는 양날의 칼을 쥔 채 살아가고 있다.

5. 비록 큰 수익은 낼 수 없다 할지라도 훌륭한 광고를 만들 기회는 결코 포기하지 않는다. 우리는 기네스Guiness 맥주나 롤스로이스 광고에서 큰 이익을 얻지 못했다. 하지만 우리는 뛰어난 크리에이티브를 떨칠 수 있는 기회를 거머쥐었다. 새로운 광고대행사가 유명해질, 이보다 빠른 방법은 없다. 문제가 있다면 한쪽으로 치우친 평판을 얻게 된다는 것인데, 어차피 업계에선 천재적인 광고를 만들어내는 작은 대행사는 리서치나 마케팅이 취약할 것이라고 가정한다. 사람들은 당신이 어느 한 부문에서 높은 성과를 올렸을 때 다른 모든 부문에서도 그러할 것이라고 생각하지 않는다.

나는 좋은 카피라이터라고 인정받긴 하지만 다른 모든 부문에서는 무식한 사람으로 인식돼 있다. 나는 이러한 평판이 불쾌하다. 내 장기는 카피보다는 리서치에 있기 때문이다. 나는 갤럽 박사의 시청자 연구소를 운영한 적도 있다.

거의 모든 광고대행사들이 봉착하는 가장 큰 문제는 훌륭한 캠페인을 만들어야 한다는 압박감일 것이다. 카피라이터, 아트디렉터, TV 프로듀서들은 구하기 쉽지만, 광고대행사의 모든 크리에이티브 광고물(매년 100개 정도의 새로운 캠페인)을 담당하고 총괄하는 크레이티브 디렉터들은 손에 꼽을 정도로 그 수가 적다. 크리에이티브 디렉터는 카피라이터들과 아티스트들에게 영감을 줄 수 있어야 하고, 캠페인을 실수 없이 정확하게 이끌어야 한다. 또한 그들은 훌륭한 프레젠터가 되어야 하고, 밤샘 작업에도 어마어마한 의욕이 있어야 한다.

훌륭한 크리에이티브 디렉터의 존재는 곧 소문이 나듯이 여러 대형 광고대행사들이 나와 일하고 싶어 했다. 3년 동안 나는 제이월터톰슨, 맥캔 애릭슨McCann-Erikson, 비비디오BBDO, 레오 버넷Leo Burnett 등 5개의 광고대행사에서 스카우트 제의를 받았다. 만약 그들이 물질적으로 나를 유혹했었더라면, 나를 고용할 수 있었을지도 모른다. 하지만 그들은 내가 크리에이티브에 대한 도전(그것이 무엇이건 간에)에 더 큰 관심이 있다고들 착각하고 있었다.

크리에이티브에 치우쳐진 명성은 큰 클라이언트를 모시는 데 방해가 된다. 하지만 무명을 벗어나기 위해서는 꼭 한 번 거쳐야 하는 과정이다. 우리 회사는 1957년, 에스티 스토웰Esty Stowell이 합류한 후에야 모든 부서가 강하다는 명성을 얻을 수 있었다. 그는 마케팅 분야에서 최고의 명성을 얻고 있는 벤튼 앤 보울즈Benton & Bowles의 부사장이었다. 그는 카피라이터로서의 재능만 있다는 나에 대한 인식을 불식시키기 위해 우리에게 꼭 필요했던 인물이었다. 또한 그는 능력도 뛰어났다. 안도감을 느끼며 나는 크리에이티브 부서를 제외한 모든 부서의 경영권을 그에게 넘겼고 우리 회사는 더욱 성장하기 시작했다.

6. 클라이언트와 광고대행사의 관계는 의사와 환자의 관계와 같이 매우 친밀하다. 그러므로 계약 관계가 성립되기 이전부터 잠재고객과 좋은 관계를 유지하는 것이 중요하다.

처음 만나는 잠재고객에게는 먼저 그 회사가 광고대행사를 바꾸려는 이유를 듣는 것이 중요하다. 만약 이전 광고대행사가 그만 둔 분명한 이유가 있다고 판단되면, 그 광고 대행사에서 일하는 친구에게 다시 이유를 물어본다. 최근 나는 한 잠재고객이 광고대행사와 결별한 사실을 알게 되었는데, 그 잠재고객의 광고를 맡았던 담당자는 내게 그 클라이언트에게는 광고대행사보다는 정신과 의사가 더 필요하다고 알려 주었다.

7. 클라이언트의 마케팅믹스에서 광고가 차지하는 비중이 적다면, 그 건은 피한다. 이런 클라이언트들은 급하게 자금이 필요할 때 먼저 광고예산에서 끌어다 위기를 모면하려는 경향이 있다. 나는 광고를 생명처럼 여기는 클라이언트들을 선호한다. 하찮은 구석자리가 아닌 회사에 없어서는 안 되는 중요한 역할을 수행하는 중심에서 일할 수 있기 때문이다.

대체로 제일 돈이 되는 광고는 제품 단가가 낮고, 일반적으로 많이 사용되며, 쉽게 팔리는 물건들이다. 이런 제품들은 더 큰 예산이 들고, 비싸고, 오래 가는 물건보다는 실험적인 가치가 훨씬 크다.

8. 아직 결과물이 나오지 않은 신제품은 받아들이지 않는다. 단, 그 제품이 이미 널리 유통되고 있는 제품군에 포함되어 있을 때에만 받아들인다. 새로운 제품이 시험판매 단계를 제대로 통과하게 하기 위해서는, 이미 시판 중인 제품을 광고하는 것보다 더 많은 비용을 들여야 한다. 새로운 제품 10개 가운데 8개는 시험판매 단계에서 생명력을 잃는다. 0.5퍼센트의 이윤 폭만을 가지고 큰 위험을 부담할 수는 없다.

9. 훌륭한 광고를 만들고 싶은 욕심이 있다면, 연합 클라이언트의 광고는 절대 하지 말아야 한다.

몇 년 전, 우리 회사는 레이온 클라이언트 연맹Rayon Manufacturer's Association의 광고를 놓고 경쟁하는 자리에 초청받은 적이 있다. 나는 그들의 본부 운영위원회실로 안내받았다.

"오길비 씨, 우리는 여러 광고대행사들을 만나보고 있습니다. 당신에게는 정확히 15분이 주어질 것입니다. 15분이 지나면 벨이 울릴 것이고, 밖에서 기다리고 있는 다음 광고대행사의 대표가 들어올 것입니다." 의장은 이렇게 말하더니 나는 PT를 시작하기에 전에 세 가지 질문을 했다.

"저희가 캠페인 해야 할 제품은 몇 가지입니까?"

"자동차 타이어, 가구 재료, 산업용제, 여성의복, 남성 의복입니다."

"광고예산은 얼마입니까?"

"60만 달러입니다."

"몇 명이 광고에 오케이 해야 하지요?"

"12개 제조업체를 대표하는 12명의 운영위원이 있습니다."

"벨을 울리시지요."

그리고 나는 밖으로 나갔다.

거의 모든 연합 클라이언트는 앞의 사례와 유사한 조건을 붙인다. 책임자도 너무 많고, 목표도 높지만 돈은 아주 적다.

10. 어떤 잠재고객은 광고대행사에게 그들이 꼭 필요하다고 생각하는 사람을 고용하라는 조건을 걸고 광고를 내주기도 한다. 이러한 게임에 말려드는 광고대행사는 기획팀을 경멸하

고, 카피팀장을 무시하며, 경영진을 협박하는 직원을 영입하려고 할 것이다. 나는 가끔 지금 있는 회사의 광고물을 가지고 오지 않는다는 조건 하에 능력 있는 인재를 스카우트하곤 한다.

아무리 완벽하게 잠재고객을 조사한다고 해도 그들을 직접 만나보지 않으면 내가 위에서 제시한 조건들에 합당한지를 판단하기 어렵다. 그래서 때로는 우리의 회사를 홍보하는 동시에 잠재고객으로 하여금 정보를 유도하여 결정을 내려야 하는 민감한 상황에 직면하기도 한다. 이런 경우에도 이야기를 하는 것보다는 많이 듣는 것이 더 유리하다.

고객에게 지켜야 할 최소한의 것들

초창기에 나는 클라이언트에게 충분한 열정을 보이지 않는 실수를 가끔 범하였다. 너무 열정적으로 달려드는 것은 내 스타일이 아니다. 그래서 푸에르토리코 오퍼레이션 부트스트랩Puerto Rico Operation Bootstrap의 유능한 대표인 테드 모스코소Ted Moscoso는 나를 처음 봤을 때, 내가 계약에 무관심하다는 인상을 받았다고 한다. 그래서 내가 얼마나 푸에르토리코Puerto Rico를 위해 일하고 싶어 하는지를 다시 설득시키기까지는 너무나도 오랜 시간이 걸렸다.

푸에르토리코와의 첫 계약 이후 나는 모스코소에게 다음과 같이 편지를 썼다.

우리는 먼저 푸에르토리코는 지저분하다는 미국인들의 선입견을 사랑스러운 이미지로 대체해야 합니다. 이것은 이 나라의 산업 개발과 럼 산업, 관광 산업 및 정치적 성장을 위해서도 매우 중요합니다.

푸에르토리코란 무엇입니까? 이 섬의 특징은 무엇입니까? 푸에르토리코가 전 세계에 어떤 얼굴을 보여주길 바랍니까? 푸에르토리코는 산업혁명에서 뒤쳐진 섬입니까? 아니면 여전히 맥스 애스콜리Max Ascoli가 말했던 '뉴 딜러들의 타이완'으로 남아 있는 건가요? 혹은 근대적인 북부 필라델피아가 되어가는 과정인가요? 경제에 아직도 영혼이 살아 있습니까?

푸에르토리코는 저속한 여행자들로 인해 2급 마이애미 해변

이 되고 말 건가요? 아니면 자신들이 얼마나 미국인처럼 변했는지를 증명하기 위해 스페인의 유산을 잃고 말 것입니까? 이러한 비극이 일어나서는 안 됩니다. 이러한 일을 예방하기 위한 가장 확실한 방법 중 하나는 푸에르토리코가 우리 모두에게 감동을 주는 곳이라는 이미지를 장기간 광고하는 것입니다. 푸에르토리코의 르네상스를 말하는 것이지요.

테드 모소코소와 주지사 무뇨즈Munoz는 내 제안을 받아들였고, 9년이 지난 지금까지도 계속 캠페인을 진행하고 있다. 이 광고는 푸에르토리코의 운명에 큰 영향을 주었다. 내 생각이지만, 광고가 한 나라의 이미지를 바꾼 유일무이한 사례일 것이다.

1959년의 어느 날 모스코소와 나는 비어드슬리 럼Beardsley Rulm과 엘모 로퍼Elmo Roper와 함께 점심을 먹었다. 사무실까지 나를 바래다 준 모스코소는 "당신이 우리 푸에르토리코의 광고를 맡은 지도 벌써 5년이 다 되어가는군요. 오늘 오후, 나는 당신의 다른 클라이언트들에게 전화를 걸어 그들과 의견을 함께한 한 사안을 당신에게 제안하겠습니다. 당신이 새로운 클라이언트를 유치하지 않는 한 우리는 절대 당신을 해고하지 않을 겁니다. 기존의 클라이언트들에게 전력을 다하고 새로운 클라이언트의 유치를 포기하는 것이 당신에게도 더 좋지 않나요?"

매우 매력적인 제안이었다. 새로운 클라이언트를 유치하는 것은 매우 흥미로운 일이지만 그만큼 숙제가 늘어나는 것을 의미한다. 일주일에 80시간 근무는 이미 꽉 차있지만 내 젊은 동료들은 새로운 도전을 갈망한다. 최고의 광고대행사들도 클라이언트를 빼앗긴다. 가끔 클라이언트들은 회사를 팔아넘기기도 하고, 부하들을 매우 괴롭히는 대표를 영입하기도 한다. 나는 못된 사장이 있는 회사의 광고를 항상 포기했다. 그렇기 때문에 새로운 클라이언트를 영입하지 않는 광고대행사는 결국 장렬히 전사하게 되는 것이다.

그렇다고 해서 꼭 벤 더피Ben Duffy의 선례를 따라야 하는 것은 아니다. 그는 비비디오의 사장이었을 때, 광고를 의뢰하는 모든 클라이언트를 다 받아들여 167개 클라이언트의 광고를 맡았고 격무로 인해 몹시 심한 스트레스를 받았다. 스탠리 레조는 이와 반대의 경험을 했다. 그는 제이월터 톰슨 사장직을 맡은 첫 해에 수익이 적은 클라이언트들을 포기하였다. 이것이 제이월터톰슨을 세계에서 가장 큰 광고 대행사로 도약하게 한 첫 번째 시도였다.

열정을 보이는 것만이 성공을 위한 최상의 방법은 아니다. 나는 우리 회사가 제시하는 자격조건을 갖추지 못한 클라이언트를 대여섯 번 정도 거절한 경험이 있다. 하지만 우리의 이러한 태도는 우리를 고용하고자 하는 클라이언트들을 더욱 안달나게 만들었다. 한번은 스위스의 유명한 시계 회사의 광고를 고사한 적이 있다. 그 광고는 스위스의 본사뿐만 아니라, 미국의 수입업체에서도 승인을 받아야 하는 것이었기 때문이다. 광고대행사는 두 주인을 섬길 수 없다. 그들의 거듭된 섭외에 우리는 직접적으로 거절하기보다는 평상시의 15퍼센트보다 높은 25퍼센트의 커미션을 주면 어카운트를 맡겠다고 제안했는데, 그들이 바로 이 조건에 동의해 곤란했었다.

새로운 광고대행사를 찾는 기업들은 가끔 그들이 원하는 광고대행사들의 리스트를 신문에 공개하기도 했다. 이러한 상황에 놓이게 되면, 나는 반드시 먼저 거절한다. 공개적으로 패배를 인정하는 것은 그다지 현명한 판단이 아니다.

성공은 공개적으로 하고 싶지만, 패배는 알리고 싶지 않다.

나는 4개 이상의 광고대행사들이 참여하는 경쟁은 피한다. 치열한 경쟁엔 결국 너무나 많은 시간을 소모해야 하기 때문이다. 유명한 광고대행사들은 거의 모든 잠재고객들의 쇼핑리스트에 포함되며, 그 광고대행사의 대표들은 종종 이런 일에 시간을 낭비하곤 한다. 이미 우리에게는 구워야 할 생선이 있다. 기존 클라이언트들의 생선 말이다.

가장 좋은 프러포즈는 경쟁자가 없는 상태이다. 이런 경우는 갈수록 드물지만 말이다. 클라이언트들은 여러 회사들을 비교하는 것이 바람직하다고 생각하기 때문이다.

광고대행사 대표들은 잠재고객들에게 프레젠테이션을 할 때 대개 자신의 차례에서만 열변을 토하며 부하들에게 역할을 일임하고 실제로 직접 참여하지 않는다. 나는 항상 내가 직접 프레젠테이션 하는 방식을 선호한다. 최후의 결정은 거의 대표의 몫이다. 대표는 대표가 설득해야 한다.

또한 발표자를 계속 바꾸는 것은 같은 클라이언트를 놓고 경쟁하는 다른 경쟁사의 발표자들과 우리를 혼동하게 한다. 오케스트라 악단의 연주자들은 서로 비슷해 보이지만,

지휘자의 존재는 흔들리지 않는다. 시어즈Sears, 로벅Roebuck
의 클라이언트 유치를 위해 경쟁PT를 할 당시, 나는 그 회사
의 이사회를 혼자 상대했다. 새로운 클라이언트 유치에 가
장 좋은 기록을 가지고 있는 광고대행사들은 보통 지도자의
독무대에 의존한다. 많은 독무대 전문가들의 충동적인 성격
을 생각한다면 독무대가 광고를 따내는 데 매우 중요한 요
소라는 결론을 내리게 될 것이다.

**나는 잠재고객들에게 항상 우리의 약점을 알려준다. 골동품
판매인이 가구의 흠을 알려줄 때 고객과 신뢰관계가 형성된다는
것을 기억하기 때문이다.**

우리의 약점은 무엇인가? 가장 중요한 약점 두 가지는
다음과 같다.

> 우리 회사에는 PR부서가 없다. PR이란 클라이언트가 PR전
> 문가의 조언에 따르는 것이라고 생각한다.
> 우리 회사는 한 번도 TV광고를 만들지 않았다. 나는 화려한
> 쇼extravaganza에 대한 공포증이 있다. TV광고는 광고에 노
> 출되는 사람의 수에 비해 너무나도 많은 돈이 든다.

나는 새로운 클라이언트를 여유 있는 시간 안에 유치해 본 적이 한 번도 없다. 몇 달 동안 아무 일도 안 들어 올 때도 있었다. 그럴 때면 과연 우리에게 일거리가 들어오기는 할지 걱정되기도 하고, 직원들 역시 낙담하게 된다. 그러다가 여러 클라이언트가 계속 들어오고, 일이 너무 많아 견디기 힘들 때도 있다. 이럴 때 유일한 해결책은 잠재고객 리스트를 만들고, 우리가 편할 때 그들을 선택하는 것이다. 이런 날이 반드시 오리라!

크리에이티브 디렉터CD의
다섯 가지 유형

1. 입만 살아있는 CD

전략이 어떻고 컨셉이 어떻고 말은 잘하지만 실제로 만들어내는 것은 별볼일 없는 인간들을 말한다. 누드 사진으로 유명해지려는 노래 못 부르는 가수처럼 처연하다.

2. 공무원 CD

팀원들의 출퇴근, 휴가, 회식 등은 잘 챙기지만 자신의 팀과 회사엔 있어도 그만, 없어도 그만인 존재이다.

3. 자칭 천재 CD

월급은 꼬박꼬박 받으면서도 회사를 철천지원수로 여기며 틀에 묶이기를 거부하는 족속들.

4. 함량미달 CD

모두가 이런 사람을 CD로 생각하지 않는다. 그가 데리고 있는 팀원들의 미래를 생각한다면 빨리 제거해야 할 존재.

5. 휘파람고니 CD

수적으로 귀하다는 의미에서 빛나는 재능을 리더십과 조화시킬 줄 아는 진정한 CD를 희귀종인 휘파람고니에 비유한다.

Chapter

3

고객부터 사랑하라

클라이언트를 놓치지 않으려면

내가 사용하는 거의 모든 것이 내가 광고하는 회사들의 제품이다. 내 클라이언트들은 세계 최고의 제품과 서비스를 만들어낸다. 나는 그렇게 생각하고, 그렇기 때문에 이 제품들을 광고한다.

고객 유치보다 관리에 힘써라

'7년만의 외도'는 결혼생활에만 국한된 것이 아니다. 광고
대행사와 클라이언트 사이에도 이러한 고민은 있다. 클라이
언트들은 평균 7년에 한 번씩 광고대행사를 바꾼다. 미식가
도 똑같은 요리사의 음식을 지겨워하는 것과 같이 클라이언
트도 함께 일하던 광고대행사가 지겨워질 때가 있다.

새로운 클라이언트를 유치하는 것도 매우 힘든 일이지
만, 클라이언트를 잃는 것은 정말 지옥 같다. 그렇다면 과연
어떻게 클라이언트가 당신의 회사를 떠나지 않게 만들 수
있을까? 나는 클라이언트의 배신으로 인한 대형 광고대행
사의 몰락을 두 차례나 목격했다. 참으로 안타까운 일이다.

한 회사의 대표가 자신의 실수로 계약을 놓치게 된다면

얼마나 가슴이 아프겠는가? 그런 대표가 어떻게 클라이언트에게 최선을 다한 직원들을 해고할 수 있겠는가? 몇몇 대표들은 특출한 능력으로 다시 클라이언트를 끌어와 직원들을 일하게 할 수 있겠지만, 다시 직원들을 곤경에 처하게 만들 수는 없을 것이다. 하나의 클라이언트를 잃고 100명의 직원을 해고한 광고대행사도 보았다. 직장을 잃은 사람 중 몇몇은 나이가 너무 많아 다른 직업을 구할 수도 없을 것이다. 이런 이유 때문에 광고대행사는 직원에게 쇼 비즈니스 다음으로 많은 월급을 준다. 아마도 광고업은 가장 불안정한 산업 중 하나일 것이다.

광고대행사를 경영하고자 하는 포부가 있다면 항상 벼랑 끝에 자신을 세울 마음의 준비를 해야 한다. 만약 당신이 불안정하고 겁이 많은 기질을 타고난 사람이라면 광고대행사야말로 당신에게 재앙이 될 것이다. 이 길은 정말 험하기 때문이다.

나는 의사들이 부럽다. 그들에게는 많은 환자가 찾아오기 때문에 한 명이 배신을 한다고 해도 크게 피해를 입지 않는다. 또한 한 환자가 배신한 사실이 신문에 나서 그의 모든 환자들이 그 사실을 알게 되는 일도 없다.

변호사들도 부럽기는 마찬가지다. 그들은 자신의 클라이언트가 다른 변호사와 바람날 걱정을 하지 않고 휴가를 즐길 수 있다. 지금 나는 19개의 화려한 클라이언트 포트폴리오를 가지고 있다. 다른 광고대행사들이 이들을 빼내가는 것을 법으로 금지하는 법안이 통과되면 얼마나 좋을까. 스웨덴의 법전에는 이런 법이 있다는 얘기를 들었다.

클라이언트의 이탈을 막기 위해서는 몇 가지 방법을 명심해야 한다. 우선, 회사의 최고급 인재들을 새로운 광고를 만드는 데 배치하기보다는 기존 클라이언트를 위해 일하도록 하는 것이다. 나는 우리 회사의 AE들이 새로운 계약을 찾아 나서는 것을 금지하고 있다. 새로운 클라이언트를 유지하게 되면 기존 고객들에게 소홀해지고, 이런 일은 계속 반복될 수밖에 없기 때문이다.

두 번째로 싸움을 즐기는 불안정한 기질의 AE를 고용하지 않는 것이다. 메디슨 가에는 클라이언트들에게 거부감을 불러일으키는 약간 맛이 간 자들이 많다. 나는 아주 똑똑한 사람이 자신의 클라이언트는 쉽게 놓쳐버리는 것을 본

적이 있다. 반면에 비록 존재감은 없어도, 광고대행사와 클라이언트가 좋은 관계를 유지할 수 있게 만드는 천재들도 알고 있다.

세 번째로 자주 광고대행사를 갈아치운 기록을 보유한 클라이언트는 피하는 것이 좋다. 일시적으로 그 클라이언트의 충성심을 얻을 수 있을지도 모르지만 항상 불리한 건 당신이다. 마치 여러 차례 이혼한 여자와 결혼하는 기분일 테니까.

마지막으로, 클라이언트와 모든 단계에서 접촉하는 것이 좋다. 하지만 이것은 갈수록 어려워지고 있다. 거물급 클라이언트들은 일을 진행하는 데 있어 반드시 거쳐야 하는 많은 보고 체계를 가지고 있다. 브랜드 담당 직원은 브랜드 매니저에게 보고해야 하고, 매니저는 부장에게, 부장은 부사장에게, 부사장은 사장에게, 사장은 회장에게 보고해야 한다. 뿐만 아니라 컨설턴트, 위원회, 간부들까지 측면에서 치고 들어온다.

요즘은 거의 모든 회사의 회장이나 사장이 광고대행사와 접촉을 피하는 추세이다. 꼭 기억해 둘 것은, 비록 그들이 광고대행사와 정면으로 접촉하지는 않더라도 의사결정권을 갖고 있는 것은 결국 그들이라는 것이다. 그들의 부하직원들은 중개자 역할을 하기에는 역부족인 경우가 많다. 나는 매니저들이 대표의 말을 인용해 멍청한 소리를 해대는 것을 가끔 듣는다. 하지만 대표가 그런 소리를 했을 리 없다는 것을 잘 알고 있다. 의심할 여지도 없이 내 말도 멍청하게 인용되어 보고될 것이다. 물론 그 직원은 해고당하겠지만.

이 이야기를 하다 보니 제 1차 세계대전 당시 널리 퍼졌던 한 이야기가 생각난다. 한 사단의 소령이 전방에서 본부로 메시지를 전달하려고 했다. "지원군을 보내주십시오, 우리 사단은 전진할 것입니다(Send up reinforcement, we are going to advance)"로 시작하는 메시지는 입에서 입으로 전달되면서 본부에 도착했을 즈음엔 전혀 다른 말이 되어있었다. "3, 4페니를 보내십시오. 우리는 춤추러 갈 것입니다(Send up three-and-four-pence, we are going to a dance)."

대기업들은 중역들이 광고대행사들을 멀리하는 이유를 단순히 광고업을 좋아하지 않기 때문이라고 받아들인다. 대기업에서는 새로운 공장을 짓거나 주식을 발행할 때, 혹은 원료를 구입할 때 그들이 얻게 되는 것을 정확히 알 수 있다. 이러한 사업들은 결정을 정당화하기 위해 주주들에게 정확한 사실과 숫자를 제시하기 때문이다. 하지만 광고는 미래를 확신할 수 없는 추측의 분야이다. 처음으로 작위를 받았던 레버험 경Lord Leverhulme ─ 그 다음은 존 워나메이커 John Wanamaker이다 ─ 은 이렇게 불평하였다. "광고에 쓰는 돈의 반은 낭비된다. 문제는 어느 부분이 낭비되는 절반인지를 모른다는 것이다."

제조와 회계부서, 리서치부서를 거쳐 승진한 클라이언트 측의 임원들은 광고업계 사람들을 의심하는 경향이 있다. 광고계 사람들이 너무 달변이기 때문이다. 그렇기 때문에 오히려 몇몇 말하는 것에 서툰 멍청이들이 광고대행사 대표로 성공을 거두기도 한다. 이런 대표들은 클라이언트를 편하게 해주는 장점이 있다.

내가 아이스박스ice-box라고 부르는 방식도 있다. 클라이언트가 새로운 캠페인을 승인하는 즉시 작업에 착수하여 실제 시장과 같은 환경에서 실험을 진행하는 것이다. 이렇게 하면 첫 광고가 실패하거나 최고 경영진이 주관적인 이유로 광고를 마음에 들어 하지 않는 경우, 당장 새로운 광고를 내보낼 수 있다. 늘 쉬지 않고 새로운 것을 준비해야 한다.

클라이언트를 가족처럼

나는 항상 클라이언트와 같은 방향에서 같은 시각으로 문제를 보려고 노력한다. 클라이언트를 가족처럼 생각하기 위해 그들의 주식을 사기도 한다. 그들의 사업을 완벽하게 이해하고 있어야만 그들에게 유익한 제안을 할 수 있다. 만약 그들이 나를 이사회에 임명해 준다면, 나는 그들이 최고의 이익을 낼 수 있도록 노력할 것이다. 젊고 열의에 찬 광고대행사들은 종종 두 클라이언트들을 묶어서 연합작전을 펼치려고 한다. 한 회사가 행사를 열면 그 행사의 제품으로 다른 회사의 제품을 선사한다거나 잡지광고를 나누어서 하는 등의 방식을 제안하는 것이다. 하지만 이러한 시도는 매우 위험할 수 있다. 대부분의 경우, 둘 중 하나는 자신이 손해를 보고 있다고 생각하기 마련이다. 클라이언트들의 논쟁을 중재하기 위해 당신이 코피를 흘릴 수 있다는 뜻이다. 해더웨이

Hathaway와 쉬웹스Schweppes의 사장이 마주쳤던 유일한 순간은 같은 날 아침 롤스로이스를 사러 갔을 때뿐이었다.

나는 클라이언트들에게 다른 클라이언트와의 선약 때문에 회의에 참석할 수 없다는 말은 절대 하지 않는다. 성공적으로 바람을 피우려면 상대 여자가 자신의 전부인 것처럼 행동해야 한다.

한 클라이언트가 다른 클라이언트의 캠페인 결과에 대해 물어보면 나는 슬쩍 대화의 주제를 바꾼다. 이런 행동이 클라이언트를 짜증나게 할 수도 있지만, 내가 다른 회사의 정보를 알려 준다면 그는 내가 자기 회사의 비밀도 남에게 알려줄 수 있다고 생각할 것이다. 클라이언트가 당신을 신뢰할 수 없다면 이야기는 이미 끝났다.

가끔은 클라이언트가 고용한 무능한 광고 담당자가 해고되도록 목소리를 높여야 하는 경우도 있다. 나도 15년 동안 두 번 이런 상황에 맞닥뜨렸다. 한 번은 클라이언트의 광고매니저가 얼마 전 내가 해고시켰던 정신병자였던 경우였고, 다른 한 번은 심각한 거짓말쟁이였기 때문이다.

대부분의 합리적인 클라이언트들은 광고업무를 담당하는 내부 경영진과 문제가 발생할 때 그것을 경고하는 것까지 우리의 역할에 포함된다고 생각한다. 한번은 우리 회사의 AE가 클라이언트의 브랜드 매니저가 해야 할 마케팅 기획까지 대신 해주고 그것을 미리 경고하지 않았다는 이유로 불려간 적이 있었다.

클라이언트들은 우리 AE에게 아무 거리낌 없이 반대표를 던진다. 클라이언트의 결정은 옳을 때도 있지만 그렇지 않은 경우도 있다. 어떠한 상황에서건 일단 문제가 발생하면 그 화살을 다른 부서로 옮겨 클라이언트와의 관계가 완전히 망가지지 않도록 조치하는 것이 현명하다.

나의 가장 뛰어난 동료들 중 하나는 일 년 동안 세 클라이언트들로부터 퇴짜를 맞았다. 이러한 경험은 그에게 너무도 큰 상처를 주어, 업계에서 손을 떼게 만들었다. 만약 이러한 시련에서 살아남을 힘이 없다면, 당신은 광고대행사의 AE가 될 수 없다.

나는 항상 내 클라이언트들의 제품을 사용한다. 이것은 아부가 아니라 기본적인 매너이다. 내가 사용하는 거의 모든 것이 내가 광고하는 회사들의 제품이다. 나는 해더웨이의 셔츠를 입고, 집에서는 스튜번Steuben 촛대를 사용한다. 롤스로

이스를 몰고 내 오일 탱크에는 늘 수퍼 쉘을 채운다. 나는 시어즈 로벅의 양복을 입고, 아침에는 맥스웰 하우스 커피나 테틀리 티Tetley tea를 마시며, 페퍼리지 팜Pepperidge Farm 토스트 두 조각을 먹는다. 또한 도브 비누를 사용하고, 반Ban 탈취제를 사용하며, 지포Zippo 라이터로 파이프에 불을 붙인다. 저녁이면 푸에르토리코산 럼과 쉬웹스를 마신다. 그리고 인터내셔널 페이퍼International Paper의 종이에 찍어낸 신문과 잡지를 보고, 영국이나 푸에르토리코로 휴가를 갈 경우 아메리칸 익스프레스American Express를 통해 예약하며, KLM이나 P&O 오리엔트 라인스Orient Lines 해운을 이용한다.

왜 이렇게 하는 것일까? 내가 위에서 언급한 것들은 세계 최고의 제품들과 서비스이다. 나는 그렇게 생각하고, 그렇기 때문에 이 제품들을 광고한다.

클라이언트가 우리 회사를 선택하는 이유는 우리 회사가 그들이 찾던 최고의 광고대행사이기 때문이다. 그들의 고문들은 우리가 제공할 수 있는 서비스가 어떤 것들이 있는지 빈틈없이 알아본 후 결정을 내린다. 하지만 시간이 지나면 그 회사에는 다른 고문들이 들어오기 마련이다. 이런 경우에는 그 이전 고문들의 결정이 옳았다는 사실을 새로운 고문들에게 설득하는 것이 상책이다. 새 고문들을 잠재고객 대하듯 해야 한다.

대기업에서는 광고대행사를 교체하는 일이 비일비재 하다. 이러한 과정은 시간이 많이 소요되는 꽤 피곤한 일이 긴 하지만 매우 중요한 결정이다.

클라이언트와 일을 함에 있어서 가장 위험한 것은 클라이언트 측의 단 한 사람과의 관계에 의존하는 것이다. 만약 클라이언트와 광고대행사 대표간의 친분 때문에 계약이 맺어졌다면 업무 담당자들과 될 수 있으면 빨리 좋은 관계를 맺는 것이 좋다. 광고대행사는 각 단계의 모든 파트너들과 좋은 관계를 유지할 때에만 수명을 유지할 수 있다.

나는 클라이언트와의 접촉을 AE에게만 제한하지 않는다. 모든 부서의 사람들 — 연구, 미디어, 카피, 아트, TV 프로덕션, 영업 등등 — 과 클라이언트가 서로 긴밀히 협조할 때 일은 더 잘 풀린다. 가끔은 이런 관계 때문에 재미있는 문제들이 발생하기도 한다. 우리 회사의 막후에서 일하는 사람들은 별로 재치 있는 사람들이 못되는 데다가 그들 중 몇몇은 그다지 인상적인 사람들이 아니다. 이렇듯 말도 잘 못하는 애송이가 자기 회사의 판매량을 두 배나 올려주는 광고를 만들고 있다고 생각하는 클라이언트는 매우 드물기 때문이다.

인정하기 어려운 사실을 시인하라

의사가 환자에게 당신은 지금 심각한 질병에 시달리고 있다고 말하는 것이 어려운 것처럼, 클라이언트의 제품에 심각한 문제가 있다고 말하는 것 역시 매우 힘든 일이다. 나는 제품에 대해 솔직히 얘기하는 것을 자신의 부인을 비난하는 것만큼이나 싫어하는 클라이언트들을 알고 있다. 제조사의 자존심은 그들이 봉착한 문제를 보는 눈을 어둡게 한다. 하지만 광고대행사는 이러한 문제와 반드시 직면하기 나름이다. 고백하건대, 나는 이러한 일에 적절히 대처하지 못한다. 한번은 클라이언트의 스파게티에 의구심을 나타낸 적이 있었는데, 클라이언트는 좋아하지도 않는 제품을 어떻게 광고할 수 있겠냐며 내 말을 비꼬았다. 결국 우리는 그 클라이언트를 놓치고 말았다. 하지만 최근 트렌드는 광고대행사의 솔직한 평가를 환영하는 방향으로 움직이고 있는 듯하다. 특히 우리의 평가가 소비자를 대상으로 한 설문조사의 결과를 기초로 할 경우는 더욱 그렇다.

광고대행사 대표들은 하는 일이 너무 많다 보니 문제가 생기고 나서야 클라이언트를 만나는 경우가 많다. 이것은 큰 실수이다. 만약 당신이 평소에도 클라이언트에게 신경을 쓰는 버릇을 들인다면, 그들과 더 좋은 관계를 유지할 수 있을 것이고, 이러한 관계는 결정적인 순간에 당신의 목숨을 구해줄 수도 있을 것이다.

자신의 실수를 인정하는 것, 특히 실수를 비판받기 전에 미리 잘못을 인정하는 자세가 중요하다. 많은 클라이언트들이 자신들의 실수를 광고대행사의 탓으로 돌리며 책임을 전가한다. 나는 비판을 받기 전에 제일 먼저 기회를 잡는다.

생각해보니 우리 회사는 스스로 클라이언트와 관계를 정리한 경우가 타의에 의해 대행이 끊긴 경우보다 세 배 정도 많다. 나는 우리 직원들이 아랫사람을 괴롭히는 독재자에게 당하는 것을 용납하지 않는다. 또한 클라이언트가 지시한 캠페인이 안전하지 않다고 판단되면, 절대로 그 일에 착수하지 않는다. 그렇게 하지 않는다면 광고대행사는 가장 중요하다고 볼 수 있는 크레이이티브 평가에서 낮은 점수를 받을 것이다. 나 역시도 1954년에 이러한 실수를 범한 적이 있다. 레버 브라더스Lever Brother에서 일하는 내 친구 제리 밥Jerry Babb은 린소Rinso 가루비누와 린소 블루Rinso Blue 세제를 한 광고에 함께 다루어야 한다고 고집했다. 한 번에 두 제품을 광고하는 경우, 특히 하나는 신제품이고 다른 하나는 쇠퇴해가는 제품일 경우 실패할 확률이 많다는 선례들이 있음에도 불구하고 말이다. 게다가 제리는 캠페인에 특이하고도 유쾌한 징글Jingle*을 삽입하라고 지시하였다.

　몇 주 동안 나는 타이드Tide와 그 외의 다른 세제 광고에서 성공했던, 조금 진지한 캠페인을 제안해봤지만 제리의 주장은 너무 완강했다. 그의 오른손 노릇을 하던 사람은 나에게 그의 지시에 따르지 않으면 대행을 놓치게 될 것이라고 했다. 결국 나는 그의 뜻에 항복했고 한 병의 푸에르토리

• • •

●브랜드 이미지를 강조하기 위해 노래 형태로 상품명을 알려주는 광고기법

코산 럼을 벗하여 두 시간이 흐르자 광고 역사상 가장 어리석은 광고가 탄생했다. 'Boys and Girls Come Out to Play'라는 음악에 맞추어 이런 가사를 노래하는 것이었다.

린소 화이트, 린소 블루?
비누, 혹은 세제? — 당신에게 달려있습니다.
둘 다 새 옷보다 하얗게, 더 말끔하게 만들어주네요.
주부님들, 선택은 당신에게 달려있습니다.

이 우스꽝스러운 광고는 결국 집행되고 말았고, 이것은 내 생애 최악의 순간이었다. 우리 직원들은 나를 미쳤다고 생각했고, 레버 브라더스의 실무자들은 내가 전혀 개념이 없는 사람이라는 결론을 내렸다. 6개월 후, 우리는 더 이상 그 광고를 맡을 수 없었다. 물론 대행이 끊기고도 남을 일이었다.

불행은 여기서 끝나지 않았다. 그 후 몇 년 동안 오길비 벤슨 앤 매더는 마케팅 전문가를 구할 수 없었다. 결국 내가 나서서 린소 광고가 형편없었다고 고백한 후에야 마케팅 전문가를 구할 수 있었다.

이 일을 계기로 클라이언트의 환심을 사려는 행동은 중요한 전략을 수립하는 데 도움이 안 된다는 사실을 인정하게 되었다. 단 한 번의 굴욕으로 충분했다.

이런 광고 맡지 마라

나에게는 우리 회사에 이익이 되지 않는 광고는 맡지 않는다는 철칙이 있다. 리드 앤 바튼Reed & Barton과의 거래에서 있었던 일이다. 우리에게 떨어지는 커미션은 우리가 제공할 서비스에 비해 충분하지 않은 대가였고, 오랫동안 기업을 이어오던 로저 할로웰Roger Hallowell은 우리의 손해를 배상해줄 생각이 없었다. 내가 로저와 리드 앤 바튼의 동료들을 좋아하는 것은 사실이었지만, 손해를 보면서까지 거래를 할 수는 없는 노릇이었다. 하지만 그들이 우리를 단념하게 만든 것은 큰 실수였다. 우리는 그들에게 은식기 시험판매를 위한 새로운 패턴을 알려주어서 수익에 큰 기여를 했다. 새로운 패턴을 만드는 데 드는 50만 달러의 추가비용과 열아홉살 난 신부가 좋아할 만한 패턴을 알지 못했던 남자 실무자의 짐을 덜어준 셈이다.

제품이 신뢰를 잃을 경우에도, 나는 그 광고를 그만둔다. 자신의 부인에게 권하지 못할 제품의 구입을 부추기는 광고를 만드는 것은 매우 정직하지 못한 일이다.

로드 앤 토마스Lord & Thomas의 카피팀장으로 일하다가, 클라우드 홉킨스Claude Hopkin의 영향을 받아 드라마를 시작하여 큰 재산을 모은 프랭크 허머트Frank Hummert는 내게 이런 말을 한 적이 있다.

"모든 클라이언트는 돼지 같지요. 시작할 때는 조금 다르게 생각할 수도 있겠지만 곧 생각이 바뀔 겁니다."

그러나 내 경험에 의하면 꼭 그렇지만은 않다. 나도 돼지 같은 클라이언트들을 많이 만나봤지만 그들의 광고는 얼마 지나지 않아 모두 그만 두었다. 나는 그런 극소수를 제외한 모든 클라이언트들을 매우 좋아한다. 만약 우리가 광고대행사가 아니었다면, 나는 미국의 베네수엘라 대사와 '진보를 위한 동맹Alliance for Progress'의 대표를 역임한 위대한 푸에르토리코인 테드 모스코소Ted Moscoso와 친구가 되지 못했을 것이다.

스튜벤 글라스Steuben Glass의 광고를 맡지 않았더라면 아더 호턴Arthur Houghton과 내가 어떻게 친구가 될 수 있었겠는가. 역사상 최고의 현대 미술가이자, 희귀본들의 권위자이며, 가장 상상력이 풍부한 박애주의자였던 그를 클라이언트로 맞은 것은 내게 엄청난 행운이었다.

좋은 친구로 남은 나의 클라이언트 리스트는 매우 길다. 해더웨이의 엘러튼 젯Ellerton Jette은 나를 콜비Colby 대학의 이사로 뽑아주어 내 삶의 질을 높여 주었다. P&O 오리엔트 라인의 콜린 앤더슨 경Sir Colin Anderson은 스코틀랜드의 춤과 자수에 능한 사람이었다. 쉬웹스의 화이트헤드 사령관Commander Whitehead과는 클라이언트와 광고대행사의 관계로 시작했지만 지금은 가장 가까운 동료가 되었다. 그와 나는 함께 조난을 당한 적도 있고, 우리 아내들은 남편들을 비교하며 서로를 위로하는 벗이 되었다.

헬레나 루빈스타인은 항상 나를 매혹시킨다. 이 조그만 폴란드 미인은 19세기 오스트리아에서 사업을 시작하여, 18세 때 이미 3만 파운드를 벌어들였다. 우리의 첫 만남이 이루어졌을 때 그녀는 세계 방방곡곡坊坊曲曲에 퍼져있는 자회사들의 어머니이자 가장이었다. 사무실에서의 그녀는 공포 그 자체이지만, 거부할 수 없는 유머감각 역시 지니고 있다. 그녀와 가진 수백 번의 살벌한 미팅 도중에 눈물이 날 만큼 포복절도했던 적도 많았으므로. 친구로서 그녀는 유쾌함과 관대함을 동시에 지닌 멋진 사람이다.

　　내가 루빈스타인 부인을 좋아하는 또 다른 이유는 전혀 겉치레가 없다는 것이다. 보기만 해도 알 수 있듯이, 그녀는 매우 남다르기 때문에 겉치레가 필요치 않다. 그라함 서덜랜드Graham Sutherland*가 그린 초상화는 그녀의 이런 면을 잘 보여준다.

개인과 팀 사이 힘 조절하기

몇몇 광고대행사들은 모든 일을 위원회 단위로 처리한다. 그들은 항상 '팀워크'를 자랑하며 개개인의 역할을 공공연하게 비난한다. 하지만 팀 단위에서는 결코 좋은 광고를 만

• • •

* 초상화로 유명한 영국의 아티스트. 제2차 세계대전의 참상을 화폭에 담는 작업에도 참여했으며 생애에 걸쳐 가톨릭과 관련한 작품활동에 심취했다.

들 수 없다. 개인의 능력이 그림자처럼 밑받침되지 않고 성공한 광고대행사는 없다고 보는 게 좋다.

가끔 내 클라이언트들은 내가 택시에 치여 급사한다면 우리 회사가 어떻게 될지 궁금해 한다. 분명 무언가 변할 것이다. 벤튼Benton 상원의원과 보울즈Bowles 주지사가 떠났을 때 그들이 몸담았던 조직은 더 좋은 방향으로 변화하였다. 제이월터톰슨은 톰슨이 사임한 후에도 살아남았다. 맥캔 에릭슨은 해리 맥캔이 일선에서 물러나고 난 후 제 궤도에 올랐다. 역사상 최고의 광고대행사 사장이었던 레이몬드 루비컴의 사임 역시 그 앞길에 영향을 미치지 못했다.

나의 일은 산파의 그것과 같다. 차이점이 있다면 나는 아기가 아닌 광고캠페인을 탄생시킨다는 것이다. 일주일에 한두 번씩 나는 프레젠테이션 룸에서 PT를 관장한다. PT는 내 부하직원과 클라이언트 쪽 인사 6, 7명이 참석한 가운데 긴장감이 감도는 분위기 속에서 진행된다. 클라이언트들에게 수백만 달러짜리 광고캠페인의 승인을 받기 위해 충분한 시간과 노력을 들여야 하는 상황이기 때문이다.

우리는 항상 PT 전에 우리 회사의 선임이사들이 참석

하는 기획위원회에서 리허설을 한다. 그들은 내가 만나본 그 어떤 클라이언트들보다도 신랄한 비평가들이고, 여느 비평가 못지않게 거친 비판을 쏟아낸다. 이토록 까다로운 과정을 거친 캠페인은 대체로 좋은 평가를 받기 마련이다.

하지만 프레젠테이션이 아무리 잘 구성되었어도, 기획자들이 정말 완벽하게 시장을 평가했어도, 카피라이터가 아무리 훌륭하게 작업했다 하더라도, 실제 상황에서는 끔찍한 사건이 발생할 수 있다. 가령 PT는 아침 일찍 시작했는데 정작 클라이언트들은 아직 술이 덜 깬 상태일 수도 있는 것이다.

한번은 시그램Seagram의 샘 브로프맨Sam Bronfman에게 점심시간 이후에 프레젠테이션을 하는 실수를 범한 적이 있다. 그는 곧 졸기 시작했고, 매우 안 좋은 상태로 깨어나 우리가 몇 달 동안 작업해온 캠페인을 퇴짜 놓았다.

브로프맨은 많은 광고대행사에서 시행되고 있는 프레젠터를 여럿 세우는 관습을 싫어했다. 나 역시 그렇다. 한 명이 모든 발표를 다 하는 것이 청중의 집중력을 헤치지 않는 방법이다. 그 프레젠터는 설득력이 있어야 하고, 모든 내용을 완벽하게 파악하고 있어서 어떤 반대질문도 이겨낼 수 있어야 한다.

나는 다른 광고대행사 사장들보다 PT를 많이 하는 편이다. 그 이유 중 하나는 스스로가 훌륭한 프레젠터라고 생각하기 때문이며, 또 다른 이유는 프로젝트에 대표가 깊이 관여하고 있다는 사실을 이보다 더 잘 보여줄 방법은 없다고 믿기 때문이다. 나는 냉혹하게 꼬리에 꼬리를 무는 프레젠테이션을 준비하기 위해 어느 변호사들보다도 많은 밤을 새우며 고심한다고 자부한다.

이렇게 막대한 고통을 감내하는 것은 결국 결과에 영향을 미친다. 이러한 기획은 최대한의 명백함과 최소한의 매너리즘으로 작성되어야 한다. 또한 반박할 수 없는 사실이 뒷받침되어야 하는 것은 기본이다.

하지만 여전히 소수의 클라이언트들은 논리 정연한 기획안으로 프레젠테이션 하는 광고대행사를 좋아하지 않는다. 그들은 마치 전람회에서 그림을 선정하듯 공허한 레이아웃을 감상하는 것을 즐긴다. 쉬웹스의 프레데릭 후퍼 경Sir Frederic Hooper이 바로 이런 부류의 사람이다. 처음 내가 그에게 마케팅 플랜을 보여주었을 때, 그는 금세 지겨워했다. 그는 30분 동안 주제를 문학적 비평으로 돌리려 했고, 마케팅 팩트에 대한 지루한 낭독에 시달리고 있는 자신을 발견하고 고개를 숙였다. 프레젠테이션의 19번째 장에서 나는 그의 기본 가정과 반대되는 통계자료를 보여주었는데, 이윽고 그는 소리쳤다.

"오길비 씨! 당신이 제시한 광고의 통계학적 접근은 매우 유치하군요."

나는 이런 결과가 이 계획을 준비한 통계학자들에게 어떤 영향을 미칠지 궁금했다. 하지만 우리는 이 프로젝트를 지속하였고 5년 후 프레더릭 경은 그가 진행을 맡은 광고회의에 나를 초청하여 내게 공식적으로 사과했다. 그는 그가 최근에 내린 결론을 나의 텍스트로 받아들이라고 제안했다. "클라이언트는 결국 사실을 말해주는 광고대행사를 고맙게 생각합니다." 결국 쉬웹스의 미국 내 판매는 517퍼센트 증가하였고, 그 후로 우리는 계속 좋은 관계를 유지할 수 있었다.

정확한 사실을 피하고 싶어 했던 다른 클라이언트 역시 매우 진지하게 다음과 같은 불평을 늘어놓았다.

"당신 회사의 문제는 지독하게 객관적인 사람들을 너무나 많이 보유하고 있다는 것일세."

위원회를 앞에 두고 복잡한 기획을 설명하는 최상의 방법은 차트판을 한 장씩 넘기며 프레젠터가 크게 읽도록 하는 것이다. 이 방법은 참석한 모든 사람이 프레젠터의 말에 집중하게 만드는 효과가 있다. 여기서 한 가지 조언을 하겠다. 사소하게 들릴 수도 있지만, 성공적인 프레젠테이션을 위해서는 매우 중요한 부분이다. 내용을 크게 읽는 동안 단 한 단어라도 먼저 넘어가면 절대 안 된다. 여기서 핵심은 청중의 시각과 청각을 동시에 자극하는 데 있다. 만약 한 문장을 보고 있는데 다른 문장을 듣게 된다면 청중은 혼란스러운 나머지 집중력을 잃을 것이다.

나는 아직도 프레젠테이션을 하기 전에 이승과 저승을 오가는 기분을 느낀다. 특히 내 영국식 영어 때문에 많이 긴장하게 된다. 과연 미국 클라이언트들은 그들의 주부들을 설득할 수 있다는 외국인을 신뢰할 수 있을까? 나는 프린스턴에서 갤럽 박사와 함께 일하며 미국 소비자들의 습관과 심리에 관한 한 어느 미국인 카피라이터보다도 잘 알게 되었다고 자부한다. 나는 이러한 점이 내 PT를 더 명백하게 만들어주기를 바란다. 그래서 나는 아무도 반박하지 못할 이야기로 나의 프레젠테이션을 시작한다. 청중이 나의 억양에 익숙해지기 시작하면, 그때서야 논쟁의 여지가 있는 문제를 꺼낸다.

처음으로 내 부하직원이 클라이언트 앞에서 PT를 했을 때 그곳의 내 존재 자체가 그 직원을 긴장하게 만든다는 사실을 알게 되었다. 그래서 나는 옆방으로 건너가 작은 구멍으로 그의 발표를 지켜보았다. 당시 그 프레젠터의 이름은 개럿 라이덱커Garret Lydecker로, 그때 그의 프레젠테이션은 내가 그 이전에 들었던, 아니 지금까지 들었던 어느 것보다도 훌륭했다.

요즘 나는 초보 프레젠터 여럿을 파트너로 두고 있고, 이제 아무 망설임 없이 그들의 PT에 참석한다. 그들은 내 질문공세에도 냉정함을 유지하는 법을 습득했다. 프레젠테이션 후 토론에서 우리는 클라이언트도, 광고대행사도 아닌 제3자의 입장을 유지한다. 결과적으로 이 방식은 광고대행사와 클라이언트를 테이블 반대편에 떨어져 앉게 하는 전통을 없애고 동지애를 느끼게 한다.

몇몇 광고대행사에서는 AE가 크리에이티브 담당자들의 리더 역할을 한다. 이것은 몇몇 클라이언트에게 좋은 인상을 주는데, 그들은 그들의 광고가 비즈니스맨의 손안에 있을 때 더 안전하다고 생각하기 때문이다. 하지만 이 방식은 카피라이터들을 억제하는 분위기를 조성하며, 상대적으로 질이 낮은 광고를 만들 위험이 있다. 한편 또 다른 광고대행사의 AE들은 크리에이티브 담당자와 클라이언트 사이에서 과자를 나르는 웨이터보다는 약간 더 중요한 역할을 한다. 그들은 클라이언트의 제안사항에 대해 본부에 일일이 보고하지 않고는 어떠한 수정안도 받아들이지 못한다. 판단의 권리를 박탈당했으므로 심부름꾼이나 다름없는 것이다.

앞서 말한 두 유형 모두 나는 마음에 들지 않는다. 나에게는 능력 있는 카피라이터들이 있고, 그들은 클라이언트와 협상할 권한이 있는 AE들과 나란히 일한다. AE들은 클라이언트와의 모든 커뮤니케이션을 카피라이터의 절대 권력에 도전하지 않고도 충분히 해결해 나갈 수 있다. 이것은 매우 섬세한 균형이다. 이러한 균형을 바로잡고 유지하는 광고대행사는 내가 아는 한 우리 회사밖에 없다.

　우리의 마케팅 기획은 초창기 때보다 더욱 전문적이고 객관적으로 잘 구성되어 있다. 하지만 어떤 기획안들은 '퍼센트로 따지자면', '중요하게', '비교적 감소하는', '최대화'와 같이 매우 생소한 비즈니스 전문용어로 작성되어 있다. 어린 시절 나는 매일 아침식사 전에 성경을 12구절이나 외워야 했고, 9살 때부터는 라틴어를 읽었다. 옥스퍼드에서 공부할 때는 독일학파의 영향을 받은 교수들에게서 재미가 없어서 도무지 읽어 줄 수 없는 것들을 배웠다. 나는 몸센Mommsen보다는 기본Gibbon, 매콜레이리Macaulay, 트레빌란Trevelyan 등 읽혀지기 위한 글을 쓰는 사람들을 좋아하도록 교육받았다. 이러한 훈련은 지금 나의 숙제가 된 과장된 문서들을 읽는데 도움이 되지 않는다. 미국 사업가들은 어떤 대상을 일부러 지루하게 만드는 게 죄악이라는 것을 깨우치지 못한 것 같다.

ogilvy-ism 3

마케팅 글쓰기 원칙

1. 소비자에게 이익을 약속하라.
2. 뉴스성 헤드라인을 써라.
3. '이제 드디어', '만족시켜 드립니다', '소개합니다'와 같은 표현을 활용하라.
4. 헤드라인에 반드시 브랜드 네임을 넣어라.
5. 특정 계층의 사람들에게 팔 물건이라면 '콕 찝어' 소구하라.
6. 10단어 이상 길어지면 잘 안 읽힌다. 그래도 필요하다면 써라.
7. 구체적인 수치와 상품의 장점을 포함하여 전보문안처럼 간결하게 써라.

Chapter

4

황금알을 낳는 거위를
찾아라

좋은 클라이언트가 되려면

기준은 높게! 번트로는 안 된다. 홈런을 기대한다는 사실을
확실히 알리고 홈런을 치면 칭찬을 아끼지 말라.

선택했다면 신뢰하라

세계에서 가장 큰 클라이언트 중 하나인 어떤 회사는 저명한 경영컨설팅 회사에 광고와 수익의 관계를 의뢰하였다. 하지만 이 연구를 주도한 통계학자들은 흔히 범하는 실수를 또 저지르고 말았다. 그들이 유일하게 중요하다고 생각하는 변수가 매년 광고에 사용되는 액수뿐이었던 것. 그들은 백만 달러의 효과적인 광고가 천만 달러의 그렇지 못한 광고보다 더 큰 수익을 올릴 수 있다는 것을 제대로 인식하지 못했다.

통신판매회사 클라이언트들은 헤드라인 하나만 바꾸어도 수익을 열 배나 올릴 수 있다는 사실을 알아냈다. 그리고 나는 같은 사람이 쓴 카피라도 TV광고가 다른 매체광고의 5배의 수익을 올리는 것도 목격했다.

나는 매주 광고를 보는 사람들보다 한 번도 보지 못한 사람들에게 더 많은 맥주를 파는 주류회사도 알고 있다. 나쁜 광고는 오히려 제품판매량을 저하시킬 수도 있다.

이러한 재앙에 대한 책임은 광고대행사에게도 있다. 하지만 클라이언트들이 비난받아야 하는 경우도 적지 않다. 광고는 클라이언트들의 가치에 부합한다. 나는 69개의 그저 그런 클라이언트와 일하면서 그들의 태도와 업무진행 절차를 비교해보는 좋은 기회를 가질 수 있었다. 몇몇 클라이언트는 너무 까다로워서 어떤 광고대행사도 그들에게 효과적인 광고를 제공할 도리가 없었다. 한편 또 다른 몇몇 클라이언트들의 태도는 너무 훌륭해서 어느 광고대행사라도 예외 없이 좋은 광고를 제공할 수 있다.

이 장에서는 내가 클라이언트라는 가정 하에 광고대행사와 일하는 데 있어 준수해야 할 점들을 제시하고자 한다. 이 규칙들을 잘 지킬 수만 있다면 당신은 최고의 서비스를 받을 수 있을 것이다.

광고대행사를 공포에서 해방시켜라. 대부분의 광고대행사는 불행히도 항상 공포에 사로잡혀 있다. 그 이유 중 하나는 광고업계에 종사하는 사람들이 천성적으로 불안정한 기질을 타고난 사람들이기 때문이고, 또 다른 이유는 많은 클라이언트들이 항상 새로운 광고대행사를 찾고 있다는 것을 명백히 드러내고 있기 때문이다. 공포에 질린 사람들이 좋은 광고를 만들기란 정말 힘들다.

롤스로이스의 대행을 그만 둔 후, 포드사Ford Motor Company와 친분을 맺고자 찾아갔지만, 그 회사의 광고매니저는 나를 반갑게 맞아주지 않았다. 그는 다음과 같이 말했다. "디트로이트는 작은 동네입니다. 당신이 우리를 찾아온다면 다른 사람들이 알게 될 것입니다. 우리와 일하는 광고대행사 역시 그럴 테고, 그들은 긴장하게 되겠지요."

만약 내가 클라이언트라면 나는 광고대행사를 공포에서 해방시키기 위해 할 수 있는 일은 무엇이든 다 할 것이다. 장기 계약을 맺어가면서라도.

나의 친구 클래렌스 엘드리지Clarence Eldridge는 클라이언트와 대행사 양쪽의 직무를 모두 경험한 바 있다. 영 앤 루비컴의 기획이사를 그만 둔 후, 그는 제너럴 푸드의 마케팅 본부장이 되었고, 후에 캠벨 비누 회사의 부사장 직을 맡게 되었다. 광고대행사와 클라이언트의 관계를 매우 잘 조율할 줄 아는 현명한 전문가인 그는 이상적인 관계를 특징 짓는 한 단어를 '지속성'이라고 말한다. 그리고 지속성이 조정되려면 처음부터 당사자 사이에 각오가 있어야 하고, 이러한 관계는 신중하고도 의도적으로 이루어져야 한다고 덧붙였다.

아더 페이지Arther Page는 아이어N. W. Ayer를 미국 전신전화국AT&T의 광고대행사로 고용하였다. 그가 항상 아이어의 서비스를 흡족했던 것은 아니었지만, 다른 클라이언트들처럼 광고대행사를 교체하는 대신 대표를 불러 제대로 일 해줄 것을 부탁하였다. 결과적으로 AT&T의 광고는 흔들림이 없었고 다른 광고대행사를 고용할 필요도 없었다. 아이어의 카피라이터인 조지 세실은 AT&T의 광고를 30년 동안 만들었고, 사람들이 선호하는 이미지를 만들어내는 데 성공하여 독점을 싫어하는 나라인 미국조차 AT&T를 좋아하게 만들었다. 아더 페이지는 현명한 클라이언트이다.

가끔 광고대행사는 엉뚱한 희생양이 되기도 한다. 광고

대행사를 자르는 것이 주주들에게 자사의 제품이나 경영진에 문제가 있다고 인정하는 것보다는 훨씬 쉽기 때문이다. 하지만 광고대행사와의 관계를 정리하기 전에 스스로에게 다음과 같은 질문을 던져 보자.

1. 프록터 앤 갬블과 제너럴 푸드는 광고대행사로부터 최고의 서비스를 받는다. 그들은 한번도 광고대행사를 교체한 적이 없다. 왜일까?

2. 광고대행사를 교체함으로써 문제를 해결할 수 있을까? 단순히 카펫 밑을 청소하는 정도에 그치지 않을까? 문제의 근본 원인은 무엇인가?

3. 당신의 제품이 경쟁자들 때문에 쓸모없는 것이 되지는 않았는가?

4. 지금은 광고대행사 탓을 하지만 바로 그 광고는 당신이 지시한 게 아니었던가?

5. 광고대행사에 겁을 주고 있지는 않은가?

6. 당신의 멍청한 광고매니저가 광고대행사의 브레인들을 활용하지 못하고 있는 것은 아닌가?

7. 당신의 경쟁자가 당신을 위해 일하던 광고대행사로부터 기밀사항을 알게 된다면 어떻겠는가?

8. 광고대행사를 교체하면 1년 혹은 그 이상의 기간 동안 마케팅 운영에 문제가 생긴다는 것을 알고 있는가?

9. 광고대행사의 대표에게 솔직하게 반응했는가? 만약 당신이 만족하지 못한 부분에 대해 말해 주었다면, 다른 광고대행사에서는 찾아 볼 수 없는 능력으로 더 훌륭한 광고를 만들어 낼 수도 있었을 것이다.

10. 당신이 광고대행사를 교체한다면 당신의 광고를 위해 일하던 많은 사람들이 직장을 잃는다는 사실을 알고 있는가? 이러한 비극을 피할 방법은 없는 것일까?

나는 우리 광고대행사를 고용하고자 하는 클라이언트들에게 현재의 대행을 유지하라고 여러 번 충고했다. 예를 들어 홀마크 카드Hallmark Card◉의 대표가 밀사를 보내 내 의중을 떠보려 했을 때, 나는 그에게 다음과 같이 말했다. "당신의 광고대행사는 당신의 회사가 많은 재산을 모으는 데 크게 기여했습니다. 그들의 서비스가 마음에 들지 않으신다면 있는 그대로 말해주십시오. 그렇다면 그들은 당신이 마음에

• • •

◉ 전세계 각국의 문화와 정서에 맞는 카드를 만드는 유명한 카드 제조사

들어할 광고를 만들 것입니다. 지금 있는 곳에 계십시오." 할마크는 나의 충고를 받아들였다.

한번은 어떤 캔 회사에서 우리를 초청하였는데 나는 이렇게 말했다. "당신의 광고대행사는 매우 힘든 상황임에도 불구하고 최고의 서비스를 제공하고 있습니다. 그들은 손해를 보면서 당신을 위해 일하고 있죠. 해고하는 대신 상을 줘야 합니다."

그러자 그 회사의 젊은 이사는 화를 내며 말했다.

"오길비 씨, 당신이 하는 말은 매우 무례하게 들리는군요." 하지만 그의 동료들은 모두 내 말에 동의하였다.

유리그릇 클라이언트 협회의 경쟁PT 때, 나는 그들이 훌륭한 광고를 만들어준 케뇬 앤 엑카트_{Kenyon & Eckhardt}와 계속 함께 해야 한다고 주장했다. 하지만 그들은 나의 충고를 무시했다.

적합한 대행사를 선택하라. 만약 당신이 소유 지분의 상당 액수를 광고에 투입한다면, 그리고 그 수익이 광고 효과에 많이 기대고 있다면, 가능한 한 가장 적합한 광고대행사를 찾는 것이 바로 당신의 의무이다.

아마추어들은 여러 광고대행사를 부추겨 기획안을 제출하게 한 후 그것을 토대로 결정을 내린다. 보통 경쟁에서 이기는 광고대행사들은 새로운 어카운트를 유치하는 데에 최고의 인재를 투입시키고, 그렇게 유치한 클라이언트들을 바로 2급 두뇌들에게 위탁한다. 만약 내가 클라이언트라면 신사업 전담팀을 꾸리고 있지 않은 광고대행사를 찾을 것이다. 최고의 회사는 새로운 사업을 필요로 하지 않는다. 그들은 대형 캠페인을 하지 않고도 충분히 사업을 꾸려나갈 수 있다.

광고대행사를 고르는 가장 현명한 방법 중 하나는 광고계에서 일어나는 일에 능통하며, 정보에 근거한 판단을 할 줄 아는 광고매니저를 채용하는 것이다. 그런 다음 그가 자사 광고에 가장 적합하다고 추천한 광고대행사 3, 4개에게 대표작을 보여 달라고 요구하는 것이다.

그런 다음 그 광고대행사의 몇몇 클라이언트들에게 전화를 해 본다. 만약 프록터 앤 갬블, 레버, 콜게이트, 제너럴 푸드, 브리스톨 마이어와 같이 여러 광고대행사와 일하는 회사에 전화를 걸어본다면, 이것이 얼마나 의미 있는 일인지를 알게 될 것이다. 그들은 최고의 광고대행사들에 대한 여러 가지 평가를 들려줄 것이다.

그리고 그 중 가장 경쟁력 있는 광고대행사 두 곳의 대표들과 그 회사에서 가장 중요한 사람 두세 명을 초청하여 당신의 집에서 함께 식사를 하는 것이다. 물론 그들이 아주 편안하게 말할 수 있는 분위기를 조성하는 것이 중요하다. 그들이 기존 클라이언트들의 비밀을 묻는 질문에 대처하는 방법도 잘 살펴보길 바란다. 또한 당신이 말도 안 되는 소리를 했을 때 그것에 반대할 용기를 가지고 있는지도 알아보아야 한다. 이런 기준으로 그들을 잘 관찰하라.

그들은 전문가의 기질을 깆춘 동료인가, 싸우기를 좋아하는 정치가 스타일인가? 너무 과장된 결과를 약속하지는 않는가? 사화산 같아 보이는가, 아니면 살아 숨쉬고 있는가? 상대의 말에 잘 귀기울이는가? 아는 것을 정직하게 말하는가?

무엇보다 그들이 당신 마음에 드는지 잘 생각해봐야 한다. 클라이언트와 광고대행사는 매우 친밀한 관계를 유지해야 하므로. 그렇지 않을 경우 지옥 같은 괴로움을 오래도록 느끼게 될 수도 있다.

　　대형 광고대행사들이 당신의 광고를 소홀히 할 것이라는 생각을 버려라. 큰 회사의 젊은 실무자들은 종종 그들의 윗사람인 임원들보다 능력이 뛰어나며 열심히 일한다. 하지만 그들이 작은 광고대행사보다 더 많은 서비스를 제공할 거라는 기대 역시 버려야 한다. 당신의 광고를 위해 파견되는 사람의 수는 대행사의 규모에 관계없이 거의 비슷할 것이다. 보통 100만 달러 당 9명 정도가 할당될 것이다.

자율성은 최상의 결과를 보장한다

대행사에게 최상의 고급정보를 제공하라. 광고대행사가 당신의 회사와 제품에 대해 더 잘 알수록, 더 좋은 광고로 당신의 회사를 섬길 것이다.

　　제너럴 푸드가 맥스웰 커피 광고를 위해 우리를 고용했을 때, 그들은 우리에게 커피사업에 대해 가르쳐 주었다. 우리는 매일같이 커피 전문가 앞에 앉아 녹색커피와 일반커피를 혼합하여 굽는 법, 가격 책정법, 커피 산업의 불가해한 경

175

제 상황 등에 대한 강의를 들었다.

가끔 광고매니저들이 너무 게으른 탓에 광고대행사에게 적절한 브리핑을 해주지 못하기도 한다. 이런 경우 우리 스스로 사실을 파악할 수 있도록 노력해야 한다. 결과적으로 첫 캠페인의 완성 기한이 지연되고, 관련된 모든 사람들의 사기가 떨어진다 하더라도.

크리에이티브의 내부경쟁은 가급적 피하라. 왜 개를 키우는 사람이 짖으려 하는가?

뒷좌석에 앉아 운전기사에게 너무 많은 지시를 하면 기사의 사기는 떨어진다. 이럴 때는 하나님이 당신을 도와야 할 것이다. 캠페인을 만드는 것은 광고대행사의 일이지 광고매니저의 일이 아니라는 것을 확실히 인지시켜라. 광고대행사의 책임감을 희석시키지 않도록 해야 한다.

엘러튼 젯Ellerton Jette이 해더웨이 광고를 우리에게 맡겼을 때, 이런 말을 했다.

"우리는 이제 광고를 시작할 것입니다. 우리의 광고는 일 년에 3만 달러 이하의 예산 안에서 집행될 것입니다. 만약 이 조건을 받아들인다면 저 역시 약속을 하나 하겠습니다.

당신의 카피에서 단 하나의 단어도 바꾸지 않을 것입니다."

우리는 그 제안을 받아들였고, 젯은 약속을 지켰다. 그는 우리의 카피에 전혀 손대지 않았다. 그는 광고에 관한 모든 책임을 우리에게 일임했다. 만약 우리 광고가 실패했다면, 그 책임은 나에게도 돌라왔을 것이다. 하지만 우리는 실패하지 않았다. 이렇게 큰 규모의 캠페인이 이토록 낮은 가격에 만들어진 사례는 역사상 한 번도 없었다.

황금알을 낳는 거위를 찾아라. 광고대행사에 맡겨지는 가장 중요한 과제는 아직 연구실에서 나오지 않은 신제품의 캠페인을 준비하는 것일 가능성이 크다. 이런 경우 제품의 첫 이미지를 잘 만들어내야 한다.

이 글을 쓰고 있는 지금도 난 이런 유형의 광고를 맡고 있다. 이 제품을 만드는 데 100명 이상의 과학자들에게 주어지는 시간은 2년이었다. 그러나 난 30일 이내에 이 제품에 개성을 부여해야 하고, 런칭광고를 기획해야 한다. 만약 내가 주어진 일을 잘 해낸다면, 나는 이 제품을 성공시키기 위해 투입된 100명이 넘는 과학자들만큼 기여하게 되는 것이다.

이 일은 초보자들에겐 버거울 것이다. 이 일엔 마케팅에 관한 통찰력과 잘 조화된 생생한 상상력이 요구된다. 제품명, 포장, 소비자에게 제공하는 약속을 만드는 데 사용되는 조사 방법에 대한 지식도 있어야 하고, 경쟁사들이 언제 같은 제품을 들고 나올지도 알아야 하며, 런칭광고를 쓰는 천재성 역시 겸비해야 한다.

과연 이러한 일을 할 수 있는 기질과 경험을 가진 사람이 미국에 한 타스 이상 존재하는지 의문이지만, 대부분의 클라이언트들은 광고대행사가 자체 부담으로 이러한 일을 해내기를 바란다. 만약 그 제품을 발전시키는 기술적인 업무에 투자하는 데 들어가는 시간의 반만이라도 광고에 주력한다면, 나는 그들의 구상이 좌절되는 일은 줄어들 것이라고 장담한다.

너무 많은 검토 단계는 불필요하다. 내가 아는 한 클라이언트는 광고대행사에 다섯 단계의 심사과정을 요구한다. 각 단계에는 저마다 심각한 수준의 견제권과 거부권이 존재한다.

이것은 끔찍한 결과를 가져올 것이다. 비밀이 새어나갈 수도 있다. 이 단계들은 유능한 사람들을 불필요한 모임으로 묶어 둔다. 또한 처음에 제출한 명료한 내용들을 복잡하게 만든다. 최악의 상황은 '크리에이티브 정치화'로 분위기를 악화시킨다는 것이다. 카피라이터들은 여러 이사들의 변덕에 비위를 맞추어 동의를 구하는 법을 배우게 된다. 카피라이터가 정치인이 된다면, 존 웹스터John Webster*가 《백마 White Devil》에서 표현한 것과 같이 변할 것이다.

마귀가 캐넌을 모방하는 동안, 사람은 마귀를 모방한다. 그가 해를 끼치는 곳이 어디든, 그는 등을 돌려 당신에게 다가온다.

요즘 TV에서 보는 형편없는 광고들은 상당 부분 위원회의 산물이다. 위원회는 광고를 비평할 수는 있지만 절대 직접 광고를 만들어서는 안 된다.

브랜드에 명예와 부를 안겨준 대부분의 캠페인은 대개 믿음직한 카피라이터와, 힘을 실어주는 클라이언트 간의 협

• • •

* 2대 비극으로 꼽히는 《백마》(1612)와 《몰비 공작부인》(1614)로 유명하다. 《백마》는 요염한 정열을 간직한 창녀 비트리오의 죄로 번득이는 아름다움을 그렸다.

179

력에 의해 탄생한 것이다. 리스터린Listerine®을 만들어낸 고든 시그로브Gordon Seagrove와 제리 램버트Jerry Lambert의 합작이 바로 그것이었다. 푸에르토리코를 광고하기 위한 나와 테드 모스코소의 관계 역시 그렇다.

시그럼이 크리스챤 브라더스Christian Brothers 와인의 캠페인을 우리에게 맡겼을 때 우리에겐 사장 샘 브로프만뿐만 아니라, 셀라마스터Cellarmaster** 형제와 나파 밸리Napa Valley에 위치한 크리스챤 브라더스 수도원의 다른 수도사들 역시 만족시켜야 한다는 미션까지 내려졌다. 어렸을 때 나는 완벽한 술을 만들려고 하다가 알코올중독자가 된 가우쳇Gauchet 신부에 대한 이야기를 좋아했다. 그래서 나는 셀라마스터 형제를 우리 캠페인의 주인공으로 내세우기로 했다.

시그럼은 이를 승인했고 셀라마스터 형제 역시 주저하지 않았다. 하지만 그는 우리의 구상을 로마에 먼저 제출해야 한다는 의무감을 느꼈고 교황청은 라틴어로 이것에 반대하였다. 결국 미국인 추기경이 중재하였고 나에게는 '충격이

• • •

◉   구강청정제 브랜드
◉◉ 코냑 제조·숙성 전 과정을 책임지는 코냑전문가

없는' 캠페인을 준비하라는 명령이 떨어졌다. 이 이상한 제재로 나는 방향성을 잃었고 이 클라이언트와 작별하게 되었다. 히드라의 머리를 가진 클라이언트들은 해결할 수 없는 문제를 던져준다.

비용을 아끼지 마라

대행사의 이익을 보장하라. 당신 회사의 광고는 광고대행사 내의 다른 광고들과도 경쟁하게 된다. 만약 당신 회사의 광고가 이익을 보장하지 않는다면, 대행사의 경영진은 최고의 인재들을 그 일에 배치하지 않을 것이다. 그리고 조만간 더 큰 이익이 보장되는 광고가 당신의 광고를 대체할 것이다.

광고대행사의 상황은 갈수록 어려워지고 있다. 클라이언트가 지출하는 100달러당 대행사에게 돌아가는 수익은 평균 34센트이다. 이 정도의 이익을 위해서라면 게임에 참여할 가치가 없다. 내 경험으로 비추어볼 때, 일정한 비용을 지출하는 클라이언트가 가장 좋은 결과를 얻는다. 15퍼센트 커미션의 관습은 시대착오적인 발상이다. 특히 대행사가 커미션이 있는 광고와, 커미션이 없는 프로모션 사이에서 마케팅 비용 지출까지 조언해야 하는 패키지 광고는 더욱 그러하다. 대행사의 모든 관심이 커미션을 늘이는 방향에 집중된 상황에서 공정함을 기대하는 것은 사실 현실적이지 못하다.

클라이언트와 광고대행사의 관계는 대행사에 주어지는 보수와, 광고에 지출하도록 클라이언트를 설득하는 예산이 비슷할 때 가장 만족스럽다고 할 수 있다. 나는 순수한 동기를 의심받지 않고도 더 많은 투자를 권유할 수 있는 위치를 선호한다. 나는 클라이언트들에게 지출을 줄이라고 조언할 수 있는 상황도 좋아한다. 물론 우리 회사 주주들의 비난을 초래하지 않는 한도 내에서.

나는 대행사들 사이의 대행비용 전쟁을 두려워하지 않는다. 가격경쟁은 좋은 대행사들에게는 힘을 보태주고 실력이 떨어지는 대행사는 떠나게 만들 것이다. 그렇게 되면 광고대행사의 업무능력 기준이 올라갈 것이다. 잘 하는 대행사들은 질 낮은 대행사들보다 많은 돈을 받아야 한다.

오길비 벤슨 앤 매더가 정찰제를 제시할 용의가 있다는

입장표명은 광고업계 밖에서 일하는 사람들에게도 환영 받았다. 맥킨지 앤 컴퍼니McKinsey & Company의 사장은 다음과 같은 글을 보냈다.

"당신의 입장표명은 구시대적 보상법을 공개적으로 공격하는 시초가 되었습니다."

클라렌스 엘드리지Clarence Eldridge는 다음과 같은 편지를 보냈다.

"대행사의 보수에 대해 전통적인 사고에서 벗어나 논리적이면서도, 현실적인 대안을 용기 있게 제시한 점 축하드립니다. 당신의 결단은 획기적인 변화를 이끌 것입니다."

하지만, 정작 정찰제에 대한 내 입장은 광고인들 사이에서는 힘을 얻지 못했고, 심지어는 이것 때문에 내가 이사회의 임원으로 있던 미국 광고대행사협회에서 추방당할 뻔하기도 했다. 이 집단은 30년 동안 대행비용을 15퍼센트로 고정시키고자 노력해 왔고, 협회원들이 이 규칙을 따르는 것을 가입조건으로 하고 있었다. 1956년에는 미국 정부가 중재하여 이 제도를 금하고자 했으나, 전통은 계속 유지되었다. 관습적인 커미션을 거부하는 광고대행사들만 악당이 되어버린 것이다.

나는 메디슨 가의 생각이 바뀔 것이라고 생각한다. 나는 광고대행사에 전문성을 보장하기 위해 선구자 역할을 자임했던 '이단아'로 기억되기를 원한다.

대행사와의 가격흥정은 금물. 만약 대행사에 지출할 청구서를 놓고 왈가왈부하는 사람이 생기도록 방치한다면, 그것은 당신의 실수이다.

예를 들어, 조사비용을 아끼면 충분하지 않은 조사 결과에 의지한 채 광고를 만들게 될 것이다. 결국 당신의 대행사는 연료 없이 비행하게 될 것이며, 이 실수의 대가는 회사 전체로 돌아갈 수도 있다.

반대로 TV광고의 사전테스트, 인쇄광고의 스플릿 런 Split-run® 등에 조사비용을 자발적으로 지출한다면, 광고대행사는 지속적인 조사와 실험을 통해 더욱 수익을 높이는 광고를 만들게 될 것이다.

광고대행사가 당신의 이익을 위해 일하다 실패한 부분

• • •

◉ 조금씩 다른 광고의 효과를 측정하기 위해 한 매체를 지역적으로 양분하여 광고를 게재하는 조사기법

을 그들의 돈으로 메우리라는 기대는 안 하는 것이 좋다. 예를 들어, 만약 그들이 제작한 TV광고가 스토리 보드에서 기대했던 것만큼 효과가 없다면, 그때는 클라이언트의 부담으로 다시 한번 만들어 달라고 부탁하라. TV는 활용하기 매우 힘든 매체이다. 나는 아직 나를 만족시킬 만한 TV광고를 본 적이 없다. 그렇다고 내 돈 1만 달러를 들여 다시 제작할 형편은 못 된다.

우리가 빔Vim 세제 TV광고를 완성했을 때, 레버 브라더스의 어느 현명한 간부는 다음과 같이 말했다. "이 광고를 더욱 발전시킬 방법을 생각해낼 수 있나요?"

그때 나는 19가지 다른 방법이 있다고 고백하였다. 그러자 그가 말했다.

"그럼 이 광고를 TV에 내보내는 데 400만 달러를 지출하겠습니다. 저는 가능한 한 강력한 효과의 광고를 원합니다. 다시 만드십시오. 대가는 우리가 지불하겠습니다."

대부분의 클라이언트였다면 대행사가 비용까지 부담하는 조건을 덧붙였을 것이다. 하지만 그런 태도는 대행사 스스로 실수를 감추게 만들 뿐이다.

아더 휴턴Arthur Houghton이 스튜벤Steuben의 광고를 부탁해 왔을 때, 그는 매우 명확한 요구를 했다.

"우리는 세계 최고의 유리를 만듭니다. 당신의 임무는 최고의 광고를 만드는 것입니다."

그래서 나는, "완벽한 유리를 만드는 것은 매우 어려운 일입니다. 스튜벤의 공예가들도 가끔 완벽하지 못한 제품들을 만들지요. 검열관들은 그러한 제품을 깨뜨려 버립니다. 완벽한 광고를 만드는 것도 똑같이 어렵습니다."라고 대답했다.

6주 후 나는 스튜벤을 위한 첫 광고의 교정인쇄를 그에게 보여주었다. 1천 달러를 들인 우리의 인쇄물은 여러 색으로 이루어져 있었지만, 완벽하지 못했다. 아더는 아무 이의 없이 새로운 것을 만들도록 하였다. 이렇게 깨어있는 클라이언트들에게는 싸구려 작업을 해 줄 수가 없다.

광고비를 너무 낮게 책정하지 마라. "광고비를 낭비하는 가장 확실한 방법은 광고비를 적게 측정하여 일을 제대로 하지 못하는 것이다. 이것은 유럽으로 4분의 3만큼만 가는 티켓을 사는 것과 마찬가지이다. 유럽을 간다고 돈은 썼지만 결국 도착은 못하는 것처럼."

광고매니저출신인 제너럴 푸드의 사장 찰리 몰티머 Cholie Mortimer 의 말이다.

내가 보기에 광고 예산의 10분의 9는 주어진 업무를 완성하기엔 턱없이 부족하게 책정되곤 한다. 만약에 매년 광고비를 200만 달러 이하로 책정한다면, 지속적인 전국 광고는 기대하지 마라. 집중하라. 가장 이익이 되는 시장에 예산을 집중시키거나 광고를 특정집단에게 제한시켜라.

그게 아니라면 광고를 포기하라.

인정하고 싶지는 않지만, 광고 말고도 돈을 벌 길은 많다.

모든 것은 사전 테스트하라

솔직하고 정직하게 대응하라. 만약 당신의 대행사가 일을 형편없이 하고 있다고 생각한다면, 혹은 특정 광고가 미약하다고 생각한다면 솔직히 말해야 한다. 당신의 생각을 명확하게 밝혀라. 클라이언트의 모호한 태도는 재앙을 몰고올 수도 있다.

그렇다고 협박을 하라는 것은 아니다. "당신은 능력이 없는 사람이군요. 내일까지 좋은 광고를 가지고 오지 않는다면 다른 대행사를 고용하겠습니다."라고 말하지 마라. 이런 무자비함은 대행사를 더욱 마비시킬 뿐이다.

"지금 보여준 광고는 여느 때의 높은 수준에는 못 미치는군요. 다시 한 번 해보십시오."라고 말하며, 어느 부분이 적절치 못한 부분인지를 짚어 주어야 한다. 대행사가 추측하도록 내버려 두지 말라.

이러한 솔직함이 대행사를 정직하게 행동하도록 만들 것이다. 상호간의 투명성이 보장되지 않고서는 그 어떤 협력 집단도 열매를 맺을 수 없다.

기준은 높게, 번트로는 안 된다. 홈런을 기대한다는 사실을 확실히 알리고 홈런을 치면 칭찬을 아끼지 마라.

많은 클라이언트들이 판매율이 떨어지면 대행사를 탓하곤 한다. 하지만 판매율이 올라갈 경우 대행사의 공적을 인정하는 것에는 인색하다. 이것은 옳지 않다.

하지만 대행사가 늘 현재의 명예에 만족하도록 방치해선 안 된다. 그들이 더욱 높이 날아 올라갈 수 있도록 칭찬하

라. 그러면 당신에게도 반드시 더 좋은 캠페인이 돌아갈 것이다. 한 캠페인을 승인한 다음날 더 좋은 것을 시작하도록 격려하라.

그리고 내보내고 있는 캠페인보다 더 좋은 것이 나온다면 그것으로 대체하도록 하라. 하지만 캠페인이 지겨워졌다고 포기해서는 안 된다. 주부들은 광고를 만드는 사람만큼 광고를 자주 보지 않는다.

최선의 방법은 훌륭한 캠페인을 만들어 몇 년간 지속하는 것이다. 문제는 훌륭한 캠페인을 찾는 것이다. 훌륭한 캠페인은 모든 나무에서 자라는 것이 아니다. 당신이 나처럼 캠페인 제작하는 일을 한다면 이해할 수 있을 것이다.

모든 것을 테스트하라. 광고관련 어휘 중 가장 중요한 단어는 테스트이다. 만약 당신이 소비자 사전테스트와 광고 사전테스트를 잘 마쳤다면 시장에서도 성공할 것이다.

25개의 신제품 중 24개는 사전테스트 단계에서 실패한다. 자신의 제품을 모니터링하지 않는 클라이언트는 아무도 모르게 테스트 단계에서 소리 없이 죽는 대신, 국제 규모의 시장에서 제품이 실패하여 엄청난 망신을 당하게 될 것이다.

당신의 약속을 테스트하라. 당신의 매체 역시 테스트하라. 당신의 헤드라인과 일러스트를 테스트하고, 광고의 규모도 테스트하라. 광고의 빈도수 역시 테스트해야 하며 지출의 정도도 테스트하라. TV광고도 테스트하라. 테스트를 멈추지 마라. 그러면 당신의 광고 역시 정체하지 않고 발전할 것이다.

시간이 곧 이윤이요, 신뢰다

서둘러라. 대기업에서 근무하는 대부분의 젊은이들은 이윤이 시간의 함수가 아닌 것처럼 행동하는 경향이 있다.

제리 램버트Jerry Lombert는 리스터린으로 성공을 거두자마자 서둘러 마케팅의 모든 절차를 월 단위로 쪼개어 실행하였다. 연간 계획에 스스로를 가두는 대신, 램버트는 매달 자신의 광고와 이윤을 검토하였다. 결과적으로 그는 8년 만에 2천500만 달러를 벌었다. 보통사람이 12배의 시간을 들여야만 벌어들일 수 있는 금액이다. 제리 램버트의 시대에 램버트 제약회사는 연 단위 대신 월 단위로 살아갔다. 모든 클라이언트에게 권하고 싶은 방법이다.

문제아에게 시간을 낭비하지 마라. 대부분의 클라이언트와 대행사는 문제 있는 제품을 살리는 데 많은 시간을 낭비하면서도, 정작 성공적인 제품을 더욱 발전시키는 일에는 상대적으로 적은 시간을 투자한다.

우리 세계에서는 안 좋은 테스트 결과를 직시하고 조속히 결단을 내려 손해를 줄인 후 다음 단계로 전진하는 것이 용기 있는 사람의 행보다. 항상 제품을 버려야 하는 것은 아니다. 가끔은 '젖 짜기'로 큰 이윤을 만들어낼 수도 있다. 하지만 극소수의 마케팅 전문가만이 죽어가는 브랜드의 젖을 짜내는 법을 안다.

시간과 두뇌, 그리고 광고비의 효율성을 높이는 데 집중시키라. 승자들을 지원하고 패자들은 속히 낙오시켜라.

천재들에게 관대하라. 코난 도일은 "평범한 사람은 자신보다 높은 것은 알지 못한다."고 말했다. 내 경험에 비추어보면 평범한 사람들은 천재를 매우 싫어하며 심지어 무너뜨리려고도 한다.

광고대행사에는 천재가 매우 드물다. 하지만 우리는 찾

을 수만 있다면 가능한 많은 수의 천재가 필요하다. 천재들
은 예외 없이 까다롭다. 그래도 그들을 쓰러뜨리지 말라. 그
들이 결국 황금 알을 낳을 것이다.

ogilvy-ism 4

창조적 리더의 조건

1. 높은 윤리 의식
2. 사소한 일에 신경 쓰지 않는 대범함
3. 스트레스와 실패를 뚫고 나갈 수 있는 패기와 쾌활함
4. 주어진 일만 꼬박꼬박 해나가는 것 이상의 명석한 두뇌
5. 밤새도록 일할 수 있는 능력
6. 매력과 설득력을 지닌 카리스마
7. 정통에 얽매이지 않는 창조적 혁신
8. 가혹한 결정을 내릴 수 있는 용기
9. 부하들을 열광적으로 일에 매달리게 만드는 추진력
10. 유머 감각

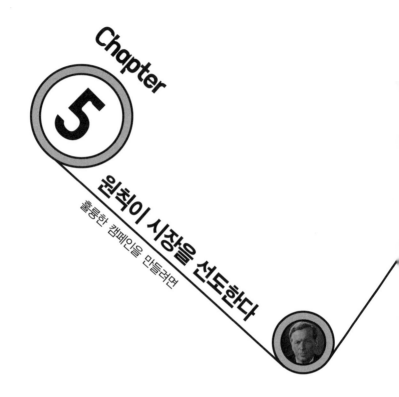

Chapter

5

원칙이 시장을 선도한다

훌륭한 캠페인을 만들려면

Ogilvy

5번가 노선버스에서 주부들의 대화를 엿들었던 적이 있다.
"몰리, 이 비누 광고의 바디카피가 가라몬드Garamond체에,
폰트가 10급이 아니었다면 이 비누를 샀을 거야."

Chapter 5

매직 랜턴의 다섯 가지 소스

카피라이터들과 아트디렉터들, TV 프로듀서들이 우리 회사
에 채용되면 회의실에 모여 헤드라인과 바디카피 쓰는 법,
광고 일러스트 만드는 법, TV광고 구성법, 캠페인에 쓰이는
기본적인 약속을 선택하는 방법 등이 담긴 매직 랜턴Magic
Lantern을 보게 된다. 매직 랜턴이 포함하고 있는 노하우는
내 개인적인 의견이 아니라 조사를 통해 습득한 원칙들이다.

신입사원들은 나의 강의에 각기 다른 반응을 보인다.
몇몇은 일을 제대로 할 줄 아는 대표 밑에서 일한다는 사실
에 편안함과 안정감을 느낀다. 반면 이렇게 딱딱한 규율 속
에서 일해야 한다는 사실을 불편해 하는 이들도 있다.

그들은 말한다. "이런 법칙과 규정은 분명 재미없는 광

고를 만들어낼 것입니다." 그러면 나는 "지금까지는 그렇지 않았네."라고 말해준다. 그리고 나는 계속해서 아트 트레이닝의 중요성을 설명한다. 셰익스피어는 소네트를 쓸 때 14줄과 5개의 각운, 3개의 사행시와 2행 연구가 운이 맞아야 하는 엄격한 규칙을 따랐다. 그의 소네트가 생기 없던가? 모차르트 역시 소나타를 작곡할 때 도입부, 전개부, 재현부의 엄격한 규칙을 따랐다. 그의 소나타가 밋밋하던가?

이러한 사례를 들면 영리한 친구들은 대개 잠잠해지기 마련이다. 나는 그들에게 원칙을 따른다면 곧 훌륭한 광고를 만들 수 있게 될 것이라고 약속한다.

그렇다면 좋은 광고란 무엇인가? 여기에는 세 가지 다른 설이 있다.

비아냥대기 좋아하는 사람들은 클라이언트가 좋아하는 광고가 좋은 광고라고 주장한다.

다른 설은 레이몬드 루비컴Raymod Rubicam의 정의를 따른다. "좋은 광고는 대중에게 강력하게 제품을 판매할 뿐 아니라, 광고계와 대중에게 좋은 작품으로 오랫동안 기억에 남는 것이다." 나도 좋은 작품으로 기억되는 광고를 만들어

봤지만 제 3의 설, 즉 좋은 광고는 광고 자체가 사람들의 관심을 끌지 않더라도 제품을 팔아야 한다는 설에 동의한다. "오, 멋진 광고인데." 대신 "이걸 몰랐네. 이 제품을 한 번 써봐야겠군." 하는 반응을 이끌어내는 광고 말이다.

예술적 재능을 드러내지 않는 것은 광고대행사의 임무이다. 에스키네스Aeschines*가 연설하였을 때 사람들은 "아주 말을 잘하는군."이라고 반응했지만 데모스테네스Demosthenes**의 연설을 들은 후에는 "필립왕을 타도하자."라며 동요하였다. 나는 데모스테네스의 편이다.

신입사원들이 나의 '좋은 광고에 대한 정의'에 당황한다면, 나는 어리석음과 무지에서 허우적거리던 지난날로 돌아가라고 이야기하고 싶다.

다음 단계는 그들이 회사에서 수행해야 할 기능에 크리에이티브라는 단어를 사용해서는 안 된다는 것을 알려 준다.

• • •

⦿　고대 그리스의 웅변가·정치가. 마케도니아파로서 데모스테네스와 논쟁을 벌였으나 패하였다.
⦿⦿　고대 그리스의 웅변가·정치가. 아테네의 자유와 독립을 지키기 위하여 마케도니아에 반대하는 연설을 하였으며, 뒤에 마케도니아의 아테네 진주進駐 때 사형을 선고받고 자살하였다.

이보다 더욱 화려한 단어인 '창조성creativity'은 12권짜리 옥스퍼드 사전에도 나와 있지 않다. 버나드 베런슨Bernard Berenson*이 레오 버넷Leo Burnett에게 "에트루리아인이 그리스 예술에 더해 놓은 것은 무능력의 독창성"이라고 했던 말이 생각난다.

　페어펙스 콘Fairfax Cone은 우리의 삶에서 창조성이란 단어를 없애고 싶어 할 것이다. 에드 콕스Ed Cox는 이렇게 말하기도 했다. "창의력이 있거나 없는 카피라이터는 존재하지 않는다. 좋은 광고제작자와 나쁜 광고제작자만 있을 뿐이다." 여기서 우리는 페어펙스 콘과 에드 콕스가 광고계에서 가장 창의적인 사람에 속한다는 점을 알아두어야 한다. 20년 전, 창조성이란 단어가 광고 업계에 존재하지도 않았을 당시 우리는 어떻게 일을 했을까? 지금 이 페이지를 작성하는 나 스스로도 창조성이란 단어를 사용한다는 것이 부끄러울 따름이다.

　이번 장에서는 만약 신입사원들이 우리 회사에 입사하

• • •

◉ 미국 광고대행사협회의 초대 회장

게 된다면 처음으로 보게 될 매직 랜턴을 소개하도록 하겠
다. 매직 랜턴의 기초가 되는 내용들은 다섯 가지 소스에서
나온 것이다.

먼저 통신판매Mail Order 클라이언트의 경험이다. 이달
의 북클럽Book-of-the-Month Club의 해리 셔먼Harry Scherman, 빅 슈
왑Vic Sscwab, 존 케이플John Caples과 같은 거장들로 대표되는
엘리트들은 누구보다도 광고의 현실에 대해 잘 알고 있다.

그들은 모든 광고의 효과를 측정할 수 있는 위치에 있
다. 그들의 시야는 대부분 회사들이 경험하는 복잡한 유통
경로 — 마케팅 믹스의 모든 요소들을 활용하고도 광고의
결과분석을 불가능하게 하는 — 덕분에 어두워지지 않기 때
문이다. 통신판매 클라이언트는 물품목록을 자유자재로 조
절하는 소매상들과 거래가 없다. 그들은 제품의 판매를 전
적으로 광고에 의지해야 한다. 광고를 본 사람들은 쿠폰을
자를 것인지 말 것인지를 알아서 선택해야 한다. 광고가 나
가고 며칠이 지나면 통신판매 카피라이터들은 광고의 효과
를 정확히 알 수 있다.

나는 27년 동안 통신판매 클라이언트들의 광고에 주목

해 왔다. 이러한 관찰을 통해 나는 모든 종류의 광고에 적용될 수 있는 원칙 몇 가지를 구체화할 수 있었다.

두 번째 소스는 백화점이다. 광고를 내보낸 다음날, 백화점에서는 광고로 인한 판매를 확인할 수 있다. 이러한 이유 때문에 나는 광고를 가장 잘 알고 있는 시어즈 로벅의 광고를 주시한다.

매직 랜턴의 세 번째 자료 출처는 갤럽Gallup, 스타크Starch, 클락 훕퍼Clark Hooper, 해롤드 루돌프Harold Rudolph 등의 조사 결과로, 사람들이 광고를 읽게 되는 요인과, 특히 갤럽의 경우, 사람들이 읽은 내용을 기억하는 요인에 관한 연구 결과물로 구성되어 있다. 전반적으로 그들의 결론은 통신판매 단체의 경험과 일치한다.

신문광고나 잡지광고에 대한 소비자 반응은 TV광고에 대한 소비자 반응보다 더 많이 알려져 있다. 왜냐하면 나의 네 번째 출처인 'TV에 대한 연구'는 10년 전에야 비로소 시작되었기 때문이다. 하지만 갤럽 박사와 다른 학자들은 추측에 전적으로 의지하는 태도에서 우리를 해방시켜 주었다. 라디오광고에 관한 연구는 매우 적거나 거의 없다. 라디오는 누군가가 과학적으로 분석하기도 전에 TV의 출현으로 불필요한 존재가 되었기 때문이다. 하지만 지금은 광고 미디어의 신데렐라라고 불릴 정도로 그 위상이 회복된 상태이다. 학자들이 라디오를 연구해 볼 때가 왔다.

나의 마지막 출처는 이전의 것들에 비해 과학적이지 않은 방법이다. 나는 고질적인 두뇌착취자이다. 내가 착취한 두뇌 중 가장 큰 도움이 된 것은 선배들과 경쟁자들의 것이다. 나는 레이몬드 루비컴, 짐 영Jim Young, 조지 세실George Cecil의 성공작들에서 많은 것을 배웠다.

여기서 그럼 성공하는 캠페인의 자원에 대해 알아보도록 하겠다. 당신이 우리 회사에서 일한다면 꼭 지켜야 할 계명이다.

물건을 사게 만드는 강력한 캠페인의 조건

어떻게 말하는가보다 무엇을 말하는가가 중요하다.

소비자에게 물건을 사게 하는 것은 광고의 모양이 아니라 그 내용이다. 가장 중요한 임무는 제품에 대해 무엇을 말할 것인가와

어떠한 이익을 약속할 것인지를 결정하는 것이다.

예전에 5번가 노선버스에서 주부들의 대화를 엿들었던 적이 있다. "몰리, 이 비누 광고의 바디카피가 가라몬드 Garamond 체에, 폰트가 10급이 아니었다면 이 비누를 샀을 거야."

200년 전, 존슨 박사는 다음과 같은 말을 했다. "약속, 큰 약속이야 말로 광고의 영혼이다." 그가 앙코어 양조장 Anchor Brewery의 물건을 경매에 올렸을 때, 이런 약속을 했다.

"우리는 냄비나 큰 통을 팔려 하는 것이 아니다. 허욕의 꿈을 넘어서 부로 자라날 수 있는 가능성을 파는 것이다."

올바른 약속을 선택하는 일은 매우 중요하기 때문에, 절대 추측에 의지해서는 안 된다. 오길비 벤슨 앤 매더에서는 가장 매혹적인 약속을 발견하기 위한 다섯 가지 조사 기술을 사용한다.

한 가지 방법은 박스에 각각 다른 약속이 적혀있는 제품을 표본 소비자들에게 보내 제품을 재주문하는 사람의 비율을 비교해 보는 것이다. 어떤 약속이 제품 판매에 가장 효과적인지를 확연히 알 수 있다.

두 번째 방법으로는 여러 가지 약속이 적혀있는 소비자 카드를 보여주고 구매를 이끌 만한 것을 고르게 하는 것이다. 예로 얼굴미용 크림의 테스트 결과를 선호도 순으로 나타내면 다음과 같다.

피부 속까지 깊숙이 씻어냅니다.
건조함을 방지합니다.
완전한 미용 트리트먼트
피부과 의사들이 추천합니다.
피부를 젊어 보이게 가꾸어 줍니다.
에스트로겐 호르몬 함유
완전히 살균되어 있습니다.
피부노화를 방지해 줍니다.
주름을 펴줍니다.

이 결과를 통해 헬레나 루빈스타인은 가장 성공적인 얼굴미용 크림을 만들어낼 수 있었다. 우리는 이 제품을 딥 클린져Deep Cleanser 라 명명하여 제품의 이름에 약속을 담았다.

세 번째 방법은 각기 다른 약속을 담고 있는 여러 광고를 준비하여 표본 소비자들에게 보내 각각의 약속이 만들어 내는 주문량을 비교해 보는 것이다.

네 번째 방법으로는 같은 신문의 같은 위치에 광고 한 쌍을 함께 올려 샘플을 보내주겠다고 제안하는 것이다. 우리는 이 교묘한 방법을 활용하여 도브 비누의 가장 강력한 약속을 선택할 수 있었다.

"씻는 동시에 피부에는 크림을"이라는 카피는 다른 약속들보다 63퍼센트나 많은 주문을 유도하였고, 지금까지 만들어진 도브의 모든 제품의 교두보 역할을 하였다. 이 제품은 판매 첫해 말에 이미 이윤을 내기 시작했다. 매우 희귀한 마케팅 사례이다.

마지막으로, 우리는 너무나도 소중한 — 나의 파트너들이 누설을 말리기까지 했던 — 기초적인 약속을 선택하는 기술을 개발해냈다. 내 파트너들은 18세기에 다른 경쟁자들보다 유산율을 줄이고 아기를 많이 받아 큰 부를 이루어 낸 이기적인 산부인과 의사들을 연상시킨다. 그 의사들은 비밀을 3세대 동안 유지했다. 결국 모험심 넘치는 의과대학생이 벽을 타고 올라가 창문 틈으로 수술 장면을 엿보면서 그들의 수술용 핀셋 디자인이 세상에 밝혀지게 되었지만.

훌륭한 아이디어로 만들어진 캠페인이 아니라면 실패할 것이다. 광고를 만들기 시작했을 때, 나는 선구자가 되겠다고 결심했고 내 모든 캠페인을 광고역사상 가장 성공적인 것들로 만들려 했다. 그리고 언제나 실패하지 않았다.

모든 클라이언트가 항상 훌륭한 아이디어를 알아보는 것은 아니다. 나는 아주 훌륭한 아이디어를 클라이언트에게 보여주었던 일을 기억한다. 그 클라이언트는 "오길비 씨, 이것은 좋은 아이디어와 비슷한 구석이 있네요."라고 말했다.

사실을 말하라.

소비자는 바보가 아니다. 그들을 당신 부인에 견주어 보라. 만약 단순한 슬로건과 몇몇 유치한 형용사들로 당신 부인이 물건을 사게 할 수 있을 것이라 생각한다면, 그것은 그녀의 지성을 모독하는 행위이다. 그녀는 당신이 제공할 수 있는 모든 정보를 알려고 할 것이다.

극소수의 광고들만이 제품을 팔기에 충분한 사실적인 정보를 담고 있다. 카피라이터들은 소비자들이 사실에 별 관심이 없다는 말도 안 되는 설을 믿고 있다. 하지만 이것은 잘못된 생각이다. 시어즈 로벅의 카탈로그_{catalogue} 카피를 연구해 보라. 이 회사는 매년 사실만을 말하고도 수십억 달러의 제품을 팔고 있다. 롤스로이스의 캠페인을 맡았을 때도 나는 사실만을 말하였다. 아무 형용사 없이, '우아한 삶'이란 단어조차 사용하지 않은 채.

경쟁 브랜드들은 갈수록 서로 닮아간다. 그 제품을 만드는 사람들은 같은 학술지를 보고, 같은 생산기술로 제품을 만들며, 같은 연구 결과를 따른다. 자신의 브랜드가 다른 몇 개의 브랜드와 별반 다를 게 없다는 다소 불편한 사실을 알게 될 때, 카피라이터들은 모든 브랜드들의 공통점을 말하는 것이 별 도움이 되지 않는다는 결론을 내리고, 제품의 사소한 차이점에만 관심을 둔다. 나는 그들이 이러한 실수를 계속 범하길 바란다. 우리는 다른 제품과 공통적인 것이라 할지라도 사실 그대로의 정보를 제공하는 광고를 만들어서 우리 클라이언트들이 앞서 나가게 할 수 있기 때문이다.

우리가 쉘의 광고를 할 때는 정유시장의 다른 제품들도 이미 말할 수 있었지만 놓치고 있던 사실에 대해 소비자들에게 이야기했다. KLM 광고 역시 모든 항공사들이 지키고는 있지만 광고에서는 언급하지 않는 기본 안전 수칙들을 담아냈다.

방문판매 세일즈맨이었을 때 나는 제품에 관한 정보를 더 많이 제공하면 훨씬 많은 제품을 팔 수 있다는 사실을 깨달았다. 50년 전, 클라우드 홉킨스 역시 이와 같은 사실을 발견했다. 하지만 여전히 대부분의 카피라이터들은 짧고 나태한 광고를 쓰는 것을 더 쉽게 생각한다. 팩트를 수집하는 것이 쉽지 않은 작업이긴 하다.

지루한 광고는 판매에 도움이 되지 않는다.

미국의 일반 가정은 하루에 1천500개 이상의 광고에 노출되어 있다. 신문과 잡지의 광고를 무시하더라도 TV에서 광고가 나올 때 타깃 소비자가 화장실에 갈 확률은 그리 놀랄 만한 수치가 아니다.

평균적으로 여자들은 잡지에 나오는 광고 중 4개만을 읽는다. 대부분의 광고는 그냥 훑어 볼 뿐이다. 하지만 한 번 훑어보는 것만으로도 충분히 지루한 광고를 구별해낼 수 있다.

소비자의 관심을 끌고자 하는 경쟁은 매년 치열해진다.

여성들은 매달 수십억 달러에 달하는 광고물에 융단폭격을 당하고 있다. 그들의 기억 속에 한 자리를 차지하기 위해 3만개의 브랜드가 경쟁을 펼친다. 이토록 귀가 찢어질 정도의 아우성 속에서 당신의 목소리를 전달하려면 당신의 목소리는 독특해야 한다. 우리 클라이언트의 목소리가 다른 회사들을 제치고 소비자에게 가 닿도록 하는 것이 바로 우리의 사명이다.

우리는 사람들이 읽고 싶어 하는 광고를 만든다. 텅 빈 교회에서는 영혼을 살릴 수 없다. 만약 우리의 규칙을 따른다면, 당신의 지출만큼 더 많은 고객을 얻을 수 있을 것이다.

조지 5세의 주치의였던 휴 릭비 경Sir Hugh Rigby에게 나는 이러한 질문을 한 적이 있다. "무엇이 훌륭한 외과의사를 만드나요?"

그는 다음과 같이 대답했다. "손재주로 보자면 별반 다를 게 없네. 훌륭한 의사를 구분하는 조건을 다른 의사들에 비해 얼마나 많이 알고 있냐는 것이네." 광고대행사도 이와 마찬가지다. 훌륭한 광고대행사들은 자신들의 일이 무엇인지 정확히 알고 있다.

좋은 매너를 갖추되 광대가 되지는 말라. 사람들은 광대에게 물건을 사지 않는다. 주부들은 쇼핑 바구니를 채울 때 매우 진지하다.

사람들은 매너가 안 좋은 세일즈맨에게서는 물건을 사지 않는다. 마찬가지로 좋은 매너로 다가오지 않은 광고를 보면 물건을 사지 않는다는 연구 결과도 있다. 친절한 악수로 물건을 파는 것이 망치로 머리를 때려 파는 것보다 쉽다. 소비자들이 광고에 매력을 느껴 당신의 제품을 사도록 시도해야 한다.

하지만 무조건 광고는 웃기고 귀여워야 한다는 말은 아니다.

당신의 광고를 현대화시켜라.

1963년생 젊은 주부는 루즈벨트 대통령의 사후에 태어났다. 그녀는 새로운 세상에서 살아가고 있다. 51살을 먹은 내가 젊은 부부들의 코드를 따라잡는 것은 갈수록 어렵기만 하다. 그렇기 때문에 우리 회사의 카피라이터들은 대부분 젊다. 그들은 젊은 소비자들의 심리를 나보다 더 잘 이해한다.

위원회는 광고를 비판할 수 있을지는 모르지만 광고를 만들지는 못한다.

카피는 한 사람이 썼을 때 가장 많은 물건을 팔 수 있는 것 같다. 카피라이터는 제품 자체에 대한 분석과 조사 결과, 그리고 선례들을 연구해야 한다. 그 다음 그는 사무실의 문을 걸어 잠그고 광고를 써야 한다. 내가 지금껏 썼던 최고의 광고는 17개의 초안 위에 만들어졌고, 그 광고로 나는 회사 하나를 차릴 만큼 큰 성공을 거두었다.

운 좋게 좋은 광고를 만들었다면 효과가 없어질 때까지 반복 집행하라. 많은 훌륭한 광고들이 그 효력이 미처 다하기도 전, 단순히 스폰서들이 지겨워한다는 이유로 버림받는다.

스텔링 게첼Sterling Getchel의 플라이무스Plymouth 광고, "이 세 가지 모두를 보세요(Look at All Three)"는 단 한 번 세상에 선보였다가 금세 잊혀져 버린 후 후속 시리즈들을 등장시켰다. 하지만 셔윈 코디Sherwin Cody 영어학교의 광고, "당신은 영어로 이런 실수를 하시겠어요?(Do You Make These Mistakes in English?)"는 42년 동안 미스터 코디의 얼굴과 턱수염 색깔만 바꾸며 같은 광고를 내보냈다.

당신은 주둔 중인 예비군을 상대로 광고를 하는 것이 아니다. 행군 중인 전투부대에 광고를 하는 것이다. 매년 300만 명의 소비자들이 결혼을 한다. 작년에 결혼을 한 부부에게 냉장고를 팔았던 광고는 내년에 결혼할 부부에게도 냉장고를 팔 수 있을 것이다. 매년 170만 소비자들이 죽고 400만 명이 태어난다. 그들은 시장에 진입하고, 또 떠난다. 광고는 레이더와도 같이 지속적으로 시장의 새로운 가능성을 찾아 나서야 한다. 좋은 레이더를 구하고, 작동을 멈추지 말아야 한다.

당신의 가족이 읽지 않았으면 하는 광고는 만들지 마라.

당신은 당신 부인에게 거짓말을 하지 않을 것이다. 내 부인에게도 거짓말하지 마라. 즉 남의 부인에게 거짓말을 하지 말라는 말이다.

제품에 관해 거짓말을 한다면 당신을 기소할 정부에 걸리던지, 당신의 제품을 구매하지 않음으로써 당신을 처벌할 소비자에게 걸리게 될 것이다.

좋은 제품은 솔직한 광고로도 팔 수 있다. 제품이 좋지 않다고 생각한다면, 그 제품을 광고할 필요가 없다. 만약 당신이 거짓말을 한다든지 말을 흐린다면 당신은 클라이언트에게 손해를 입히게 되고, 자기에게는 죄책감을, 제품에겐 그 광고에 대한 대중들의 반감만을 키우게 된다.

좋은 브랜드 이미지를 구축할 수 있는 광고를 만들어라.

모든 광고는 어떤 형태로든 브랜드 이미지에 영향을 미친다는 사실을 고려해야 한다. 이렇게 생각하면 매일매일 일어나는 문제들이 저절로 풀릴 것이다.

그렇다면 어떤 이미지를 만들어낼지, 어떻게 결정해야 하는가? 사실 정답은 없다. 조사연구 역시 이 일엔 큰 도움이 되지 않는다. 이 상황에서는 판단을 잘 해야 한다.

나는 마케팅 이사들이 갈수록 판단을 기피하는 것을 발견한다. 그들은 지나치게 자료에 의지하려 하고, 마치 술고래가 전봇대를 붙들 듯 주장보다는 지지를 얻기 위해서 자료를 사용한다.

대부분의 클라이언트들은 자신들의 브랜드 이미지의 한계를 받아들이고 싶어 하지 않는다. 그들은 그 이미지가 모든 사람에게 완전한 것이 되기를 원한다. 그들의 브랜드가 남성 브랜드와 여성브랜드, 귀족 브랜드와 서민 브랜드가 되길 원한다. 결국 그들은 대부분 아무런 개성도 없고, 이 것도 저것도 아닌 애매한 중성 브랜드를 만들게 된다. 거세 된 닭은 닭우리를 지배할 수 없다.

현재 시행되는 캠페인의 95퍼센트는 장기적인 고려 없 이 만들어지고 있다. 임시방편인 셈이다. 그러므로 다음 해 에는 또 새로운 이미지를 만들 수밖에 없다.

클라이언트가 몇 년 동안 일관된 스타일의 광고를 지속 한다는 것은 거의 기적이 아닐 수 없다! 그 스타일을 바꾸려 는 수많은 세력을 생각해 보라.

6개월마다 새로운 스타일을 가지고 나오라는 압력을 이겨내고, 한 스타일만을 고집하는 것은 대단한 용기를 필 요로 한다. 변화를 따라 우르르 몰려가는 일은 비극적일 정 도로 쉽다. 하지만 황금 트로피는 일관된 이미지를 만들어 내고, 오랜 기간 그 이미지를 유지할 두뇌를 가진 클라이언 트만을 기다리고 있다. 그 예로 나는 캠벨 비누, 아이보리 비 누, 에소Esso, 베티 크로커Betty Crocker, 그리고 영국의 기네스 스타우트Guinness Stout를 든다. 이토록 강건한 다년생 생명체 들의 광고를 책임진 사람들은 모든 광고, 라디오 프로그램,

TV광고들이 단 한 번의 샷이 아닌, 브랜드에 완벽한 성격을 부여하기 위한 장기간의 투자라는 점을 이해하고 있었다. 그들은 세상에 불변하는 이미지를 보여주었고 이 과정을 거치면서 부자가 되었다.

과거 몇 년 동안 연구자들은 오래된 브랜드들이 대중에게 어떠한 이미지를 심어 주었는지에 대한 결과를 발표했다. 몇몇 클라이언트들은 판매가 저조하게 된 원인이 제품에 있다는 사실을 발견하고 정신을 차린 후, 대행사에게 다른 안의 광고를 착수하도록 지시했다. 이런 작업이 가장 어려운 작업이다. 결점이 있는 이미지는 여러 해에 걸쳐 구축된 것이기 때문이다. 이런 부정적인 이미지는 광고, 가격, 제품명, 포장, 지원하는 TV 프로그램, 시장에 나온 시간 등의 복합적인 요인들에 의해 만들어진 것이기 때문이다.

이미지를 바꾸는 것이 유리하다고 생각하는 대부분의 클라이언트들은 이미지를 향상시키려는 노력을 한다. 종종 이러한 브랜드는 창고 대 방출 같은 싸구려 이미지를 가지고 있었다. 이러한 이미지는 경제 불황에는 좋은 자산이 되겠지만, 경제가 호황을 누리고 소비자들이 사회적 지위를 높이고 있을 때에는 치명적인 골칫거리가 된다.

오래된 창고 대 방출 브랜드에 성형수술을 시술하는 것은 쉬운 일이 아니다. 대부분의 경우, 신선한 브랜드로 새롭게 시작하는 것이 차라리 쉬울 수 있다.

브랜드 간의 유사성이 많을수록 브랜드를 선택하는 이성적 판단은 줄어든다. 위스키나 담배, 맥주 같은 경우 브랜드 간의 차이점이 그다지 크지 않다. 다 비슷할 뿐이다. 케이크 가루나 세제, 마가린 역시 마찬가지이다.

브랜드에 뚜렷한 개성을 부여하며 광고를 만드는 클라이언트는 시장에서 가장 큰 점유율을 차지하며, 가장 큰 이익을 거둘 것이다. 마찬가지로 스스로를 궁지에 빠트리는 클라이언트들은 시야가 짧은 기회주의자로, 단기적 판매촉진을 위해 광고비를 사용하는 사람들이다. 해가 지날수록 나는 클라이언트들에게 판매촉진에 너무 많은 비용을 투입하여 광고비가 남아있지 않을 때 발생할 수 있는 일에 대해 더욱 열심히 경고하고 있다.

가격을 인하하는 판매촉진 방법은 세일즈 매니저에게는 잘 보일 수 있지만 효과는 매우 단기적이며 치명적이므로 좋지 않은 버릇이 될 수 있다. 아트 닐슨Art Nielsen의 소비자 구매 측정 기술을 숙지하고 캠벨 비누의 대표가 된 베브 머피Bev Murphy는 "판매는 상품 가치와 광고의 함수이다. 판매촉진은 판매 곡선에 임시적인 변화밖에 줄 수 없다."라고 하였다. 제리 램버트는 리스터린을 파는 데 일체의 판매촉진비를 사용하지 않았다. 판매 곡선의 변덕이 광고의 효과를 읽어낼 수 없게 만든다는 사실을 알고 있었기 때문이다. 지속적으로 가격을 낮추는 기법은 소비자들이 제품을 낮게 평가하게 만든다. 과연 소비자는 항상 세일 중인 제품을 갖고 싶어 할까?

캠페인은 클라이언트가 평생 그 사업을 할 것이라는 가정 하에 수년을 내다보고 준비해야 한다. 브랜드에 뚜렷한 개성을 부여하고 그것을 몇 년 동안 지속시켜라. 제품의 사소한 차이점이 아닌 브랜드의 전체적인 성격 규정이 시장에서의 궁극적인 위치를 결정짓는다.

모방하지 마라.

모방은 가장 절실한 형태의 표절일 수 있다. 하지만 그것은 열등한 사람들의 표식일 뿐이다.

루디어드 키플링Rudyord Kipling*은 혼자만의 힘으로 해운업의 거물이 된 앤토니 글로스터 경Sir Anthony Gloster에 관한 긴 시를 썼다. 그 늙은 거물은 임종이 가까워 오자 아들에게 스스로의 삶을 뒤돌아보며, 자신의 경쟁자들에 대해 다음과 같이 말했다.

"그들은 모방할 수 있는 건 다 모방했지만 나의 생각만은 모방하지 못했단다. 진땀을 빼며 모방했지만 항상 1년 반씩 뒤쳐졌지."

당신이 운 좋게도 훌륭한 캠페인을 만들게 되었더라도, 얼마 지나지 않아 다른 광고대행사들이 그것을 따라하는 것을 목격할 것이다. 매우 짜증나는 일일 수 있지만 너무 걱정하지 않아도 된다. 남의 광고를 모방하여 새로운 브랜드를 만들어낸 일은 없으니.

이상이 내가 신입사원들에게 교육시키는 전반적인 원칙이다. 최근 우리 회사의 1년차 직원들에게 전에 근무하던 회사와 오길비 벤슨 앤 매더를 비교해 보라고 했더니, 꽤 많

• • •

◉ 제국주의와 인종주의적 시선을 노골적으로 드러냈던 《정글북》의 작가

218

은 직원들이 우리 회사가 명확한 원칙을 가지고 있다고 지적했다. 다음은 그 중 한 사람이 한 말이다.

오길비 벤슨 앤 매더는 일관된 견해, 즉 무엇이 훌륭한 광고를 만드는가에 대한 고유의 시각을 가지고 있습니다. 전에 근무하던 대행사들은 그렇지 못했고, 그랬기 때문에 방향타가 없는 배와 같았습니다.

ogilvy-ism 5

성공 캠페인을 위한 지침

1. '어떻게 말해야 하는가' 보다 '무엇을 말해야 하는가' 가 더 중요하다. 즉 말하고자 하는 내용이 그 방법보다 훨씬 더 중요하다.

2. 여러분의 캠페인은 '빅 아이디어'를 내세우지 않는 한 실패로 끝날 것이다.

3. 사실을 말해야 한다. 소비자들은 바보가 아니다. 당신의 부인이 바로 소비자이다. 단순한 슬로건이나 지루한 형용사로 어떤 것을 구매하도록 그녀를 설득할 수 있으리라 생각하지 마라.

4. 사람들을 싫증나게 하지 마라. 우리는 사람들이 읽고 싶어 하는 광고를 만들어야 한다.

5. 천박하게 굴지 말고 예의바르게 행동해야 한다.

6. 시대감각에 맞는 광고를 제작해야 한다.

7. 광고제 심사위원이나 클라이언트에게 고용된 직원들은 광고를 비판할 수 있지만 만들 수는 없다.

8. 만약 당신의 광고가 운이 좋게도 크게 성공했다면 그 광

고의 효과가 사라질 때까지 계속 반복해야 한다.

9. 당신의 가족들이 읽기 싫어하는 광고를 만들지 말아야 한다. 좋은 제품은 정직한 광고로도 판매할 수 있다. 제품이 훌륭하다고 생각하지 않는다면 여러분은 그 제품을 광고할 자격이 없는 것이다.

10. 이미지와 브랜드는 시장에서 제품을 차별화하기 위해 최종 포지션을 정하는 요소라기보다는 브랜드 개성의 총합이다.

11. 모방하지 말아야 한다. 어느 누구도 다른 사람의 광고를 모방하여 성공한 경우는 없다. 모방은 표절과 가장 가까운 형태인 동시에 열등한 사람의 표식이다.

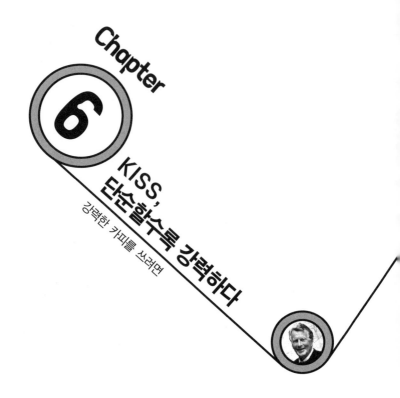

Chapter

6

KISS,
단순할수록 강력하다
강력한 카피를 쓰려면

Darling, I'm having the most
extraordinary experience...

I'm head over heels in DOVE!

Ogilvy

헤드라인이 매출에 도움이 되지 않았다면 당신은 예산의 80퍼센트를 낭비한 셈이다. 여전히 헤드라인 없이 기적적으로 성공하는 광고가 존재하지만 나는 이런 광고를 클라이언트에게 제안하는 카피라이터들이 부럽지 않다.

매출 열 배 올리는 헤드라인 만들기

대부분의 광고에서 헤드라인은 가장 중요한 요소이다. 헤드라인은 독자에게 카피를 읽을지 말지를 결정하게 하는 신호인 셈이다.

평균적으로 바디카피를 읽는 다섯 배나 되는 수의 사람이 헤드라인을 읽는다. 헤드라인을 썼다면 당신은 1달러 중 80센트를 쓴 것이나 마찬가지이다.

헤드라인이 매출에 도움이 되지 않았다면 당신은 예산의 80퍼센트를 낭비한 셈이다. 여전히 헤드라인 없이 기적적으로 성공하는 광고가 존재하지만 나는 이런 광고를 클라이언트에게 제안하는 카피라이터들이 부럽지 않다.

헤드라인을 바꾸는 것만으로도 매출을 10배 신장시킬

수 있다. 나는 하나의 광고를 위해 적어도 16개 이상의 헤드라인을 쓴다. 다음은 헤드라인을 쓸 때 따라야 할 규칙들이다.

헤드라인은 슈퍼마켓 진열대에 놓인 고기에 꽂혀 있는 가격표와 같다. 헤드라인으로 잠재고객에게 신호를 보내라.

방광염 치료제를 광고한다면 방광염이란 단어를 헤드라인에 반드시 포함시켜야 한다. 만약 광고의 타깃이 어머니들이라면 '어머니'라는 단어 역시 헤드라인에 써야 한다. 이것은 불변의 법칙이다.

반대로 당신 제품의 잠재고객이 외면할 가능성이 있는 단어를 써서는 안 된다. 만약 남녀 모두 사용할 수 있는 제품을 광고한다면 특별히 여성 타깃에 치중한 헤드라인을 써서는 안 될 것이다. 남자 고객을 떠나보내고 싶지 않다면 신경써야 할 문제이다.

모든 헤드라인은 개개인의 관심사에 소구해야 한다.

헤드라인은 독자의 이익을 약속해야 한다. "35세 이상의 여성들이 젊어 보일 수 있는 방법"이라는 헬레나 루빈스타인의 내 헤드라인처럼 말이다.

헤드라인에는 반드시 뉴스가 포함되어야 한다.

항상 소비자들은 신제품이나 오래된 제품을 새롭게 사용하는 방법, 혹은 오래된 제품의 새롭게 보완된 점 등에 관심을 갖기 때문이다.

헤드라인에 자주 등장하는 단어로는 '무료'와 '새로운'이 있다. '무료'라는 단어는 매우 드물게 사용되지만 '새로운'의 경우 언제나 사용할 수 있다고 보면 된다.

기적을 만들어내는 다른 단어나 어구로는 다음과 같은 것들이 있다. ~하는 방법, 돌연, 지금, 알립니다, 소개합니다, 여기에 있습니다, 막 도착한, 중요한 발전, 개선, 놀라운, 센세이셔널한, 주목할 만한, 혁명적인, 깜짝 놀랄만한, 기적, 마술, 권합니다, 빠른, 쉬운, 구함, 도전, 조언합니다, ~의 진실, 비교하세요, 할인, 서두르세요, 마지막 기회.

진부한 표현이라고 외면하지 마라. 진부할지는 몰라도 효과적인 것은 확실하다. 그렇기 때문에 이러한 단어들은 통신판매업주들이나 자체적으로 광고 효과를 제대로 측정할 줄 아는 클라이언트들의 헤드라인에 자주 등장한다.

자기, 사랑, 두려움, 긍지, 친구, 아기와 같은 감정적인 단어들을 사용하여 헤드라인에 힘을 더할 수 있다. 우리 회사에서 나온 광고 중 가장 호기심을 일으킨 광고는 욕실에 앉아 사랑하는 사람과 전화통화를 하는 여성의 모습을 보여준 것이었다. 헤드라인은 "자기, 나 지금 내 생애 최고의 경험을 하고 있어. 나 도브에 완전 빠졌어."였다.

바디카피를 보는 사람의 다섯 배나 되는 수의 사람이 헤드라인을 읽는다.

독자들에게 어떤 브랜드가 광고되는지 알리는 것은 매우 중요하다. 그렇기 때문에 헤드라인에는 브랜드 네임이 반드시 포함되어야 한다.

당신의 판매목표를 헤드라인에 포함시켜라. 그러므로 헤드라인은 길어져야 한다.

뉴욕대 경영학과에서 여러 대형 백화점들과 협력하여 헤드라인을 테스트했을 때, 새로운 소식과 정보를 담은 10단어 이상의 단어들로 이루어진 긴 헤드라인이 짧은 헤드라인에 비해 지속적으로 많은 판매고를 올렸던 것을 확인할 수 있었다.

6~12개 단어로 이루어진 헤드라인은 짧은 헤드라인

보다 더 많은 제품을 팔았고, 12개 단어의 헤드라인을 읽는 독자와 3개 단어의 헤드라인을 읽는 독자 수 사이에는 특별히 큰 차이가 없었다. 내가 쓴 것 중 가장 긴 헤드라인은 18단어짜리이다. "시속 60마일로 달리는 신형 롤스로이스에서 들리는 가장 큰 소리는 전자시계 소리입니다" 롤스로이스 공장의 감독관은 이 광고를 읽고 슬프게 고개를 흔들며 이렇게 말했다. "망할 놈의 시계를 어떻게 해야 할 때가 됐군."

헤드라인이 호기심을 불러일으키면 사람들이 바디카피를 읽을 가능성이 높아진다.

그래서 헤드라인을 끝맺을 때는 계속 읽어 나갈 수 있도록 미끼를 던져야 한다.

몇몇 카피라이터들은 트릭, 문학적 암시, 애매모호한 표현 등을 사용한 교묘한 헤드라인을 쓴다. 사실 이것은 그다지 좋은 방법이 아니다.

보통 신문에서 당신의 헤드라인은 평균 350개의 다른 헤드라인들과 독자의 관심을 끌기 위한 경쟁을 해야 한다. 조사 결과 독자들은 너무 빨리 신문을 읽어 나가기 때문에 애매모호한 헤드라인을 해석하려 들지 않는다는 사실을 알 수 있었다. 당신의 헤드라인은 전하고자 하는 메시지를 쉬운 말로 전송해야 한다. 독자들과 두뇌 게임을 하려 들지 말라.

1960년 〈타임스 리터러리 서플리먼트Times Literary Supplement〉지는 영국의 변덕스런 광고를 클라이언트를 즐겁게 해주기 위한 중류계급의 농담 같다며 비난했다. 백번 옳으신 말씀!

부정적인 어휘를 사용함으로써 안게 될지 모르는 리스크에 대한 조사 결과를 심각하게 고려하라.

예를 들어 독자들은 "이 소금에는 비소가 포함되어 있지 않습니다"라는 카피를 "이 소금에는 비소가 포함되어 있습니다"라고 읽고 영영 떠나버릴 수도 있는 것이다.

전혀 이해할 수 없는 헤드라인은 쓰지 말라.

사람들은 바디카피를 읽지 않으면 무슨 말인지 알 수 없는 광고를 읽고 싶어 하지 않는다.

바디카피, 대화하듯 써라

바디카피를 쓰려고 자리에 앉았다면, 만찬에 초대받아 오른쪽에 앉은 여성과 대화를 나누고 있다고 생각하라. 그녀가 당신에게 이렇게 물어 본다. "새 차를 하나 살까 봐요. 어떤 게 좋을까요?" 이 질문에 대답하듯이 카피를 써야 한다.

돌려서 말하지 말라, 요점을 정확하게 말하라.

'~와 같은', '~역시'와 같은 은유를 피하라. 갤럽 박사는 이런 식으로 두 단계를 거쳐야 하는 논법이 오해를 불러일으키기 쉽다고 밝힌 바 있다.

최상급, 일반적인 말, 상투적인 말 등을 피하라.

상세하고 사실적이어야 한다. 열정적이고 친절하게 표현하여 기억에 남도록 노력하라. 지루해선 안 된다. 사실을 말하라. 단, 사실을 매력적으로 만들어야 한다.

카피의 길이는 과연 어느 정도가 좋을까?

그것은 제품에 따라 다르다. 만약 껌을 광고한다면 그다지 말할 것이 많지 않을 것이다. 그럴 땐 카피를 짧게 써라. 반대로 여러 가지 이유를 들어 추천할 만한 제품이 있다면, 특히 그 제품이 신제품이라면 카피를 길게 써라. 길게 쓸

수록 많이 팔릴 것이다.

길게 쓴 카피는 사람들이 읽지 않을 것이라는 인식이 많다. 하지만 이것은 오해이다. 클라우드 홉킨스는 슈릿츠 Schlitz 맥주를 위해 5장짜리 광고를 쓴 적이 있다. 광고가 나간 후 몇 달 지나지 않아서 슈릿츠 맥주는 판매순위 5위에서 1위로 올라설 수 있었다. 나도 카피를 글자로만 빽빽이 채운 한 장짜리 굿 럭 마가린Good Luck Margarine 광고를 써서 좋은 결과를 얻을 수 있었다.

조사 결과에 따르면 50단어로 이루어진 카피는 구독률을 급격히 떨어뜨리지만 50~500단어로 작성된 카피는 판매율에 부정적인 영향을 미치지 않는다. 첫 번째 롤스로이스 광고에서 나는 사실을 나열하며 719단어를 사용하여 카피를 썼다. 이 광고의 마지막 단락엔 다음과 같이 썼다.

"롤스로이스를 탈 자신이 없는 분은 벤틀리Bentley를 타십시오"

'자신이 없는'이라는 단어에 관심을 보인 사람들의 수로 보아 이 광고카피는 빠짐없이 읽혀졌다고 볼 수 있다. 그 다음 광고에서 나는 1천400개의 단어를 사용했다.

각각의 광고는 제품 판매를 위한 완벽한 투구여야 한다. 소비자들이 동일한 제품의 시리즈 광고를 계속해서 읽어 줄 것이라는 생각은 비현실적이다. 당신이 만든 하나하나의 광고가 소비자에게 제품을 팔 수 있는 유일한 기회라고 생각하며 최선을 다해야 한다. 지금이 아니면 기회가 없다고 생각해야 한다.

뉴욕대 경영대학원의 찰스 에드워드 교수는 이렇게 말했다.

"더 많은 사실을 말할수록 물건은 더 많이 팔린다. 광고가 제품에 대한 사실을 많이 말하면 할수록 성공할 기회는 증가한다."

내가 처음 푸에르토리코의 산업개발 계획을 광고했을 때, 916개 단어를 사용하여 비어드슬리 럼이 서명하도록 만들었다. 1만4천명의 독자들이 광고 쿠폰을 우리에게 보내왔고 그 중 많은 수가 푸에르토리코에 공장을 지었다. 내가 이 일을 하며 느낀 가장 큰 보람은 400년 동안 굶주리며 살아온 푸에르토리코가 이 광고가 나가고 나서 융성해지는 모습을 보게 된 것이었다. 내가 별 의미 없는 평범한 광고를 썼다면 아무런 변화도 일어나지 않았을 것이다.

독자들은 우리가 길게 만들었던 쉘의 광고도 읽어 주었다. 당시 우리 광고 중 하나는 617개 단어를 사용하였고 남성 독자의 22퍼센트 이상이 이 광고를 끝까지 읽었다.

종종 빅 스왑Vic Schwab은 슈와프너 앤 막스Schaffner & Marx의 맥스 하트Max Hart와 그의 광고매니저 조지 L. 다이어 George L. Dyer가 긴 카피를 주제로 논쟁을 벌인 이야기를 한다. 다이어가 말했다. "신문 한 장 분량의 광고를 쓴 후 당신이 한 글자도 빼먹지 않고 다 읽게 만든다는 데 10달러를 걸죠." 이 말에 하트는 비웃으며 말했다. "나는 그것이 불가능하다는 것을 꼭 증명할 수 있네." 이에 다이어는 대답했다. "헤드라인만 말씀드리지요. '맥스 하트의 모든 것' 어때요?"

광고에 견본 신청 쿠폰을 올리는 클라이언트들은 짧은 카피가 판매에 도움이 되지 않는다는 사실을 알고 있다. 스플릿 런 테스트split-run test*에서도 짧은 광고보다는 긴 광고가 더 많은 매출을 올린다는 결과가 나타났다.

언론매체가 큰 광고지면을 주지 않아서 긴 광고를 쓸

• • •

* 한 신문에 두 가지 광고를 내어 직접 응답 카드를 회수하여 광고 효과를 알아볼 수 있는 광고 형태

수 없다는 카피라이터가 있을까? 이런 질문은 있어서도 안 된다. 왜냐하면 매체 스케줄을 잡기 전에 카피라이터의 의견을 구해야 하는 것이 원칙이기 때문이다.

모든 카피에는 추천의 글이 포함되어야 한다.

독자들은 익명의 카피라이터의 말보다는 자기들과 같은 소비자가 인정하는 제품을 믿는다. 현존하는 최고의 카피라이터 중 한 명인 짐 영은 다음과 같이 말했다.

"모든 클라이언트들에겐 같은 문제가 있다. 통신판매업에 종사하는 사람이라면 광고에 추천의 글을 인용하는 것만큼 효과적인 방법이 없다는 사실을 이미 알고 있다. 하지만 많은 클라이언트들이 이 방법을 거의 사용하지 않는다."

유명인이 쓴 추천의 글은 많은 관심을 끌 것이고 진실한 메시지를 담고 있다면 의심도 사지 않는다. 그 유명인이 많이 알려진 사람이라면 독자를 유혹할 가능성도 높아진다. 우리는 엘리자베스 여왕과 처칠 수상을 "영국으로 오세요" 광고에 등장시켰으며, 굿 럭 마가린을 광고할 때에는 루즈벨트 대통령 영부인을 TV광고 모델로 섭외하는 데 성공했다. 우리가 시어즈, 로벅의 외상거래 계좌를 광고하였을 때에는 전설의 홈런타자 테드 윌리엄즈Ted Williams의 야구카드를 복사하여 "최근 보스턴에서 시어즈로 트레이드되었습니다"라는 광고를 내보내기도 했다.

가끔은 카피 전체를 추천의 글 형식으로 만들 수도 있다. 오스틴Austin* 자동차의 첫 광고에서 나는 오스틴을 타서 모은 돈으로 아들을 그로톤 스쿨Groton School**에 보낸 한 익명 외교관의 편지 형식을 차용했다. 지위에 대한 속물근성과 경제성의 결합을 매우 잘 겨냥한 광고였다. 하지만 눈치가 빠른 〈타임Time〉지의 편집장은 내가 그 익명의 외교관일 것이라고 추측했고 그로톤의 교장에게 사실 여부를 확인하려 했다. 그로톤의 교장 크로커 박사는 매우 까다로운 사람이라 나는 내 아들을 그로톤에서 호치키스Hotchkiss***로 보내기로 결정했다.

또 다른 방법은 독자들에게 도움이 되는 조언이나 서비스를 제공하는 것이다. 이러한 광고는 제품만 다루는 카피보다 75퍼센

· · ·

* 하버트 오스틴Hebert Austin이 설립한 영국의 자동차 제조회사
** 미국 매사추세츠에 위치한 명문 기숙사립고등학교
*** 189마리아 비셀 호치키스에 의해 설립되었으며 예일대 준비prep 학교로 출발했다.

트나 많은 사람들의 주의를 끈다.

린소 광고 중 하나에서 우리는 주부들에게 얼룩을 지우는 방법을 설명해 주었다. 이 광고는 세제 광고 역사상 가장 많이 읽히고(스타치의 조사 결과) 가장 많이 기억된(갤럽의 조사 결과) 광고였다. 하지만 불행하게도 린소로 더 하얗게 세탁된다는 약속은 만족시키지 못했다. 추진하지 말았어야 할 광고다. 립스틱, 커피, 구두약, 피 등 여러 종류의 얼룩을 비주얼로 보여주었다. 그 중 피는 내 것이었다. 나는 클라이언트를 위해 피를 흘린 유일한 카피라이터이다.

좋은 문장이 물건을 팔아주는 것은 아니다.

나는 시어도어 F. 맥매너스Theodore F. McManus의 그 유명한 캐딜락Cadillac⦁ 광고 "리더십의 패널티penalty"와 네드 조단Ned Jordan의 고전인 "라라미Laramie의 서쪽 어딘가"라는 광고로 정상의 위치에 오른 벨레스 레터스belles letteres의 스타일을 한 번도 좋아해 본 적이 없다. 40년 전 업계에서는 이런 식의 고상한 산문에 고취되어있었던 것 같다. 하지만 나

• • •

⦁미국 최대의 자동차 제조회사인 제너럴 모터스의 최고급 승용차

는 항상 그러한 광고들을 어리석다고 생각했다. 독자들에게 아무런 사실도 전달해 주지 못하기 때문이다. 나는 클라우드 홉킨스의 "좋은 문장이 손실을 불러오기도 한다. 독특한 문학적 스타일도 마찬가지이다. 이러한 글들은 물건에 대한 관심을 빼앗아 간다."라는 의견에 동의한다.

허풍은 금물.

레이몬드 루비컴이 만든 제약회사 스큅Squibb의 유명한 슬로건 "제품의 성분 중 가장 귀중한 재료는 만든 이의 명예와 정직함이다"는 내 아버지의 충고를 생각나게 한다. "회사가 정직함을 자랑하거나, 여성이 자신의 아름다움을 자랑할 때, 전자는 멀리하고 후자에게는 잘 가르쳐 주어라."

특별히 엄숙하거나 고상한 말을 써야할 필요가 없다면 소비자들에게 익숙한 구어체를 사용하라.

나는 고유의 미국식 말투에 여전히 익숙하지 못하지만, 그런 말투를 구사할 줄 아는 카피라이터들을 좋아한다. 다음의 글을 통해 낙농업자의 숨은 진주를 감상해 보라.

카네이션Carnation **우유는 이 땅에서 최고,**

여기 내 손 안에 한 캔 있다네.

당길 꼭지도 없고 쌓아 올릴 건초도 없지만

이 녀석에 구멍만 뚫으면 된다네.

제대로 교육받지 못한 사람들에게 고급 어휘를 사용하는 것은 실수이다. 한번은 '진부한obsolete'이라는 단어를 헤드라인에 사용한 적이 있는데 43퍼센트의 주부가 이 단어의 뜻을 모르고 있다는 것을 알게 되었다. 다른 헤드라인에서는 '형언할 수 없는ineffable'라는 단어를 사용했지만 나조차도 그 뜻을 정확히 모른다는 사실을 발견하였다.

하지만 나와 동급의 많은 카피라이터들은 사람들의 교육수준을 과소평가하는 실수를 범하기도 한다. 시카고 대학의 사회학부장 필립 하우서는 현재 일어나고 있는 변화에 관심을 가지고 있다.

정식 교육을 받는 인구가 급속히 증가함에 따라, 광고 스타일의 변화도 예상된다. 초등학교 교육밖에 받지 못했을 것이라는 가정 하에서 '평균' 미국인에게 메시지를 전한다면 고객이 줄거나 사라지는 것을 말없이 지켜보게 될 것이다.*

모든 카피라이터들은 루돌프 플래치 박사_{Dr. Rudolph} _{Flesch}의 《쉬운 대화의 기술》이란 책을 읽어 보아야 한다. 이 책을 읽은 카피라이터들은 짧은 단어와 짧은 문장, 단락을 활용하여 매우 인간적인 카피를 쓸 수 있을 것이다.

한때 광고업에 발 담갔던 알렉스 헉슬리_{Alex Huxley}는 "광고에 문학적인 흔적이 있다면 성공에 다다를 수 없을 것이다. 광고를 쓰는 사람들은 서정적이거나 애매모호하거나 비밀스럽지 않아도 된다. 대신 그들은 다방면으로 박식해야 한다. 좋은 광고와 좋은 드라마, 웅변의 공통점은 이해가 빠르며 감동이 직접 느껴진다는 것이다."**라고 말했다.

수상의 욕심을 버려야 한다.

상을 받을 때면 나는 항상 기쁘다. 하지만 결과가 좋은 대부분의 광고는 정작 상을 받지 못한다. 왜냐하면 광고 자체로는 큰 관심을 끌지 못하기 때문이다.

심사위원들은 심사하는 광고의 결과에 대해 충분한 정

• • •

* Scientific American(1962년 10월)
** 《옛 것과 새로운 것에 관하여_{Essay Old And New}》(Harper & Brothers, 1927). 찰스 램브와 바이론 역시 카피라이터 출신이다. 버나드 쇼, 헤밍웨이, 마르콴드, 셔우드, 앤더슨, 폴크너 역시 광고카피를 썼지만 성공하지는 못했다.

보를 갖고 있지 않다. 이러한 경우 그들은 자신의 기존 지식에 의존하여 편향된 시각으로 심사하게 된다.

훌륭한 카피라이터는 읽는 사람을 즐겁게 해주고자 하는 유혹에 항상 의연하다.

카피라이터의 능력은 얼마나 많은 신제품을 성공시켰는가에 따라 판단된다. 이 방면에 있어 에스코피어가 요리에서 그랬듯이 클라우드 홉킨스가 단연 돋보인다. 지금의 기준으로 볼 때 홉킨스는 파렴치한 야만인이겠지만, 프로페셔널의 관점에서 보면 그는 이 분야의 대가이다. 다음으로 나는 레이먼드 루비컴, 조지 세실, 제임스 웹 영을 들겠다. 그들은 홉킨스의 무자비한 매출 올리기를 따라잡진 못했지만 정직함과 다양한 분야의 작업 경험을 갖추고 있어서 필요한 경우 교양 있는 카피를 쓸 수 있는 능력을 갖춘 사람들이었다. 그 다음으로는 함께 점심을 먹은 적이 있는 통신판매 전문가 존 케이플스John Caples를 들겠다.

이 거물들은 신문이나 잡지에 광고를 게재한 사람들이다. TV광고의 최고봉을 거론하는 것은 아직 시기상조인 것 같다.

ogilvy-ism 6

카피라이팅에 대하여

Q: 일반적으로 광고주가 설정해 놓은 기본 원칙에 따라 카피를 씁니까, 아니면 당신만의 규율이 있나요?

A: 나는 기본 원칙 없이는 카피를 쓸 수 없습니다. 사실 나는 내가 만든 규칙에 따라 카피 쓰는 것을 좋아합니다. 나는 카피라이터가 되기 전에 갤럽에서 조사 업무를 했기 때문에 조사자의 입장에서 광고에 접근할 수 있었습니다. 나는 39세가 되어서야 카피라이터로 일할 수 있었습니다. 그래서 좋은 카피를 쓰는 방법에 대한 나만의 규칙을 정립하게 되었습니다.

Q: 그러한 규정이 광고의 창의성을 가로막지는 않습니까?

A: 우리 회사에는 50여 명의 카피라이터가 있습니다만 저는 그들에게 조사 결과나 나의 규범을 사용하도록 강요하지는 않습니다. 그러나 효과적인 광고 제작을 위해 필요한 규범들에 대해 많이 논의하였고 크리에이터들에게 우리 방식으로 일을 가르치는 데 몇 년이나 노력했습니다.

그러나 직원들은 구속 받고 싶지 않아 해서 규범이라는 말만 들어도 알레르기 반응을 일으킬 정도였습니다. 그래서 광고캠페인 전후의 효과를 수량으로 나타낸 요인 분석을 실시하여 그 결과를 슬라이드로 만들어서 사원교육에 활용하고 있는데, 여기에 '매직 랜턴'이라는 이름을 붙였습니다.

Q: 카피 쓰기가 쉬운 제품들이 있습니까?

A: 아무래도 개인적으로 흥미를 가지고 있는 제품은 쓰기가 쉽지요. 롤스로이스 자동차는 제가 어렸을 때부터 좋아했기 때문에 잘 쓸 수 있었지만 쉘은 제가 화학에 취미가 없어서 다른 사람이 쓰도록 하였습니다. 지금까지 만든 광고 중에서 가장 만족하는 푸에르토리코 광고는 열흘 동안 아무것도 하지 않고 쓴 것입니다. 제가 관심이 있는 개발도상국 광고였기 때문입니다.

우리 회사는 몇 년 동안 헬레나 루빈스타인 화장품 광고를 했습니다만 제가 화장품에 관심이 없기 때문에 직접 좋은 카피를 쓸 수 없었고 여성 카피라이터가 이 일을 해야만 했습니다. 결과적으로 최고의 광고들은 개인적인 경험으로부터 나온다는 결론을 얻게 되었습니다. 제가 만든 몇 개의 좋은 광고들은 제 실제 체험으로부터 나온 것들입니다.

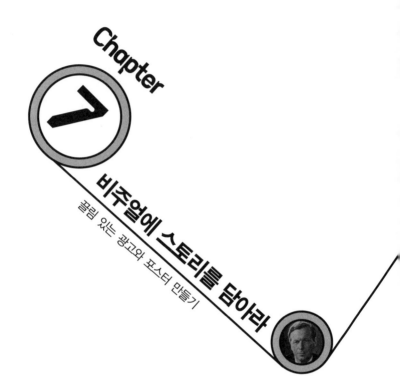

Chapter

7

비주얼에 스토리를 담아라
끌림 있는 광고와 포스터 만들기

클라이언트가 슬퍼하거나 한숨을 쉴 때에는
로고의 크기를 두 배로 늘려라.
여전히 반응이 좋지 않다면
공장 사진을 보여줘라.
정말 급한 상황이라면
클라이언트의 얼굴을 보여줘라.

읽고 싶은 비주얼을 만들어라

대부분의 카피라이터들은 카피에 사용되는 언어에 대해 많이 생각하지만, 일러스트레이션에는 많은 시간을 투자하지 않는다. 하지만 종종 일러스트레이션은 카피보다도 지면의 많은 부분을 차지하기에, 카피와 마찬가지로 매출을 올리는 데 중요한 역할을 한다. 일러스트레이션 역시 헤드라인과 같은 의미의 메시지를 담아야 한다.

도일, 대인 앤 번마크Doyle, Dane & Bernbach는 광고 일러스트레이션에 특출한 인재들을 보유하고 있다. 그들이 폭스바겐Volkswagen 광고에서 사용한 사진은 타의 추종을 불허한다.

일러스트레이션의 주제는 기술보다 더 중요하다. 광고의 모든 분야에서와 마찬가지로 내용은 보이는 것보다 중요하다. 사진에 대한 훌륭한 아이디어만 있다면 셔터를 누를 천재는 필요 없다. 좋은 아이디어가 없다면 저명한 사진작가 어빙 펜Irving Penn일지라도 당신을 도와줄 방도가 없다.

갤럽 박사는 사진공모전에서 상을 받을 만큼 감수성이 풍부하고, 포착하기 힘들며, 아름답게 구성되어 있는 사진이 광고에서는 통하지 않는다는 사실을 발견했다. 실제 효과적인 사진은 독자의 호기심을 일으키는 사진들이다. 독자는 사진을 바라보며 "도대체 이게 뭘까?"라고 스스로에게 묻는다. 그런 후 카피를 읽고 내용을 파악한다. 함정은 이렇게 만드는 것이다.

해롤드 루돌프는 이 마법 같은 요소를 '스토리 어필Story appeal'이라 부르며 사진에 이러한 요소를 더 많이 삽입할수록 더 많은 사람들이 광고를 보게 될 것이라고 설명했다. 이 발견은 우리 광고대행사가 만들어 온 캠페인에 큰 영향을 미쳤다.

우리가 해더웨이의 국내 진출을 관장하였을 때 우리는 영 앤 루비컴이 애로우Arrow 셔츠를 위해 만들었던 역사적인 캠페인보다 더욱 훌륭한 광고를 만들겠다고 다짐했다.

하지만 애로우는 200만 달러를 지출한 데 비해 해더웨이는 3만 달러 밖에 사용할 수 없는 상황이었다.

우린 루돌프의 '스토리 어필'이 독자들을 잠깐이나마 멈춰 세우고 관심을 기울이게 한다는 점을 이미 알고 있었기에, 나는 18번의 시도를 거쳐 다양한 방법을 혼합하여 이 마법과도 같은 요소를 삽입 시켰다. 그 마지막 18번째 방법은 안대였다. 처음에는 그것보다 좀 더 확실해 보이는 아이디어 때문에 안대를 거부했지만, 나는 스튜디오로 가는 길에 약국에 들려 1달러 85센트에 안대를 하나 사오고 말았다. 이 광고가 왜 그렇게 성공적이었는지는 나도 알 수 없다. 나는 116년 동안 무명세계에서 허우적거리던 해더웨이를 지도 위에 자랑스럽게 올려놓았다. 국민 브랜드가 이토록 빨리, 그리고 싼 가격에 생겨나는 일은 아예 없거나, 매우 드문 일이다. 이 사건에 대한 기사는 전 세계의 신문과 잡지에 실렸다. 여러 다른 클라이언트들은 이 아이디어를 도용하여 자신들의 광고에 응용하였다. 나는 덴마크에서만 다섯 개의 비슷한 카피를 보았다. 비 오던 화요일 아침에 조금 괜찮다고 생각했던 아이디어가 결국 나를 유명하게 만들었다. 그

후 나는 다른 몇몇 광고들로 명예까지 거머쥘 수 있었다.

이 캠페인이 계속되면서 나는 모델에게 내가 해봤으면 하는 몇몇 상황들을 재현시켰다. 카네기 홀에서 뉴욕 교향 악단을 지휘하는 일, 트랙터를 운전하는 일, 펜싱, 항해, 르누아르의 그림을 사는 일 등등. 8년 동안 이렇게 일을 진행한 후, 내 친구 엘러튼 젯은 해더웨이 공장을 보스턴의 금융업자에게 팔았고, 그 사람은 여섯 달 후 다시 수백만 달러의 이익을 남기며 이 회사를 되팔았다. 내가 이 광고에서 얻은 이익은 총 6천 달러였다. 만약 내가 광고인이 아닌 금융업자였다면 나는 얼마나 부자가 되었을까? 그리고 얼마나 지루하게 살았을까?

'스토리 어필'의 다른 예로 푸에르토리코 여행 캠페인을 위해 엘리엇 어윗Elliott Erwitt이 찍은 사진을 들 수 있다. 파블로 카살스Pablo Casals의 첼로 연주장면을 찍는 대신 의자에 첼로가 기대어져 있는 빈 방을 찍었다.

"방은 왜 비었을까?"

"카살은 어디에 있는가?"

독자들은 이 광고를 보며 아마 이런 질문을 던졌을 것

249

이다. 그들은 이 광고를 읽은 후 산 후안_{San Juan}에서 열리는 카살_{Casal} 축제를 예약했다. 이 캠페인을 시작하고 6년 동안 푸에르토리코에서 여행자들이 지출한 금액은 연간 1천900만 달러에서 5천300만 달러로 늘었다.

만약 당신의 광고에 쓰일 사진에 심혈을 기울인다면 매출 증가될 뿐 아니라 유명세를 치르게 될 것이다. 나는 광고계의 무서운 비평가 갈브레이스_{J. K. Galbraith}의 편지에 큰 위로를 받은 적이 있다. 그는 다음과 같이 썼다.

"수년간 저는 사진에 많은 관심을 기울여왔습니다. 그리고 꽤 오랫동안 당신의 사진들을 보며 훌륭한 선택과 재현의 본보기라고 생각해 왔습니다."

보다 생생하게, 보다 직설적으로

조사 결과 사진이 그림보다 더 많은 매출을 올린다는 사실이 속속 보고되고 있다. 사진은 더 많은 독자들을 유혹한다. 그리고 더욱 욕망에 호소한다. 또한 보다 많이 기억에 남고, 더 많은 응답쿠폰을 모은다. 물론 더 많은 판매를 올린다. 사진은 현실을 보여주는

250

반면 그림은 환상을 보여준다. 환상은 신뢰성이 적다.

우리가 "영국으로 오세요"라는 관광 광고를 넘겨받았을 때 우리는 그 이전 대행사가 사용하던 그림들을 사진으로 바꾸었다. 그 결과 3배나 많은 사람들이 이 광고를 보고 읽게 되었고 그 후 10년 동안 미국인 여행자가 영국에서 지출한 금액은 3배나 뛰었다.

나도 그림을 사용하지 말라고 말하는 것이 괴롭다. 나 역시 미술가들이 광고 일러스트로 커미션을 얻게 하여 그들을 돕고 싶기 때문이다. 하지만 광고의 효과는 약해지고 클라이언트는 손해를 보게 되며 결국 미술가들을 지원할 고객도 사라지게 될 것이다. 사진을 사용한다면 당신의 클라이언트는 부유해질 것이며, 그 돈으로 그림을 사서 공공 미술관에 전시할 수도 있을 것이다.

몇몇 클라이언트들은 광고에 추상적인 일러스트를 활용한다. 독자들에게 내가 광고하고자 하는 내용을 감추고 싶다면 이런 방법을 사용하는 것이 옳다. 일러스트레이션은 당신이 판매하고자 하는 제품을 독자들에게 똑똑히 보여주어야 한다. 추상화는 광고가 나타내고자 하는 메시지를 표현하기에는 역부족이다.

제품의 특성을 나타내지 못하는 일러스트레이션으로 성공을 거둔 유일한 사람은 작고한 월터 펩크Wlater Paepcke 이다. 컨테이너 회사를 위한 그의 괴상한 광고는 다른 경쟁사로부터 그 회사를 돋보이게 한 듯하다. 일면만 보고 전체를 단정 지어선 안 된다. 괴상하지 않은 사람들에게 괴상한 광고를 들이대지 않도록 주의하라.

전후비교Before & After 사진은 독자들에게 놀라움을 자아내며 글보다 의미를 더욱 확실히 전달한다.

"이 쌍둥이 둘 중에 누가 토니(가정용 파마기계)를 가지고 있을까?"의 광고처럼 비슷한 그림에서 차이점을 찾도록 하는 사진 역시 메시지를 확실히 전달한다.

두 가지 시안 중 어느 것이 더 효과적인 궁금하다면 한 신문에 스플릿 런 테스트를 하여 광고효과를 확인해 보라. 우리는 이러한 방법을 사용하여 KLM 광고에서 비행기 사진을 사용할지 목적지의 사진을 사용할지에 대한 논쟁을 마무리 지었다. 후자가 전자보다 두 배나 많은 쿠폰을 모았다. 이러한 이유 때문에 모든 KLM 광고는 아직도 목적지 사진을 사용하고 있다.

갤럽 박사 밑에서 일했을 때 나는 영화관객들이 이성보다는 동성의 배우에 더 많은 관심을 가진다는 사실을 증명할 수 있었다. 물론 이러한 법칙에는 예외가 있을 수 있다. 성적으로 매력이 넘치는 여자배우는 남성 영화관객들에게 인기가 많으며, 남장미인들은 남성들에게 인기를 끌지 못한다. 하지만 대체적으로 사람들은 자신들이 동일시할 수 있는 영화배우들을 좋아한다. 이와 같은 맥락으로 볼 때, 대부분의 사람들의 꿈에는 이성보다는 동성이 더 많이 등장한다. 캘빈 홀 박사는 "남성의 꿈에서 남자와 여자가 등장하는 비율은 1.7 대 1이다"라고 보고한 바 있다. 호피 족의 꿈에서도 역시 이러한 결과가 나타났다. 아마도 누구에게나 있는 현상인 듯싶다.◉

나는 이와 같은 결과를 광고에 대한 소비자 반응에서

• • •

◉ 갤럽 박사는 3천874건의 꿈을 분석해 본 결과 다음과 같은 놀라운 사실을 발견하였다. "수도꼭지는 좀 더 나은 성기를 원하는 남자에 의해 발명되었다. 돈은 자신의 배설물을 높이 쌓고자 하는 사람에 의해 발명되었고, 달로 가는 로켓은 불만이 가득한 오이디푸스 콤플렉스 환자들에 의해 발명되었다. 집은 자궁을 찾는 사람들에 의해 발명되었고, 위스키는 엄마 젖을 먹고 싶어 하는 사람들에 의해 발명되었다."

관찰하게 되었다. 광고에 여성의 사진을 싣는다면 남성들은 그 광고를 무시할 것이다. 반대로 남성의 사진을 사용한다면 여성이 독자에서 제외될 것이다.

만약 여성 독자들을 끌어들이고 싶다면 가장 확실한 방법은 아기의 사진을 사용하는 것이다. 조사 결과 아기의 사진은 가족의 사진보다 두 배나 많은 여성들의 시선을 이끌수 있다. 당신이 아기였을 때 가족들의 모든 시선이 당신에게 집중되어 있던 것처럼. 하지만 당신이 가족의 일원이 된후에는 더 이상 특별한 관심을 끌지 못한다.

여기서 당신은 난관에 부딪힐 수도 있다. 대부분의 클라이언트들은 광고에 아기 사진을 사용하는 것을 꺼린다. 아기가 매출에 큰 도움이 되지 않기 때문이다. 그들은 가족 전체를 보여주고 싶어 한다.

광고계에서 가장 많은 사람들이 동의하는 방법은 아름다운 여성을 골라 광고나 CMcommercial message*에 내보내는 것이다. 나는 여성 모델을 직접 캐스팅하곤 했는데, 여성 소

• • •

●라디오 · TV의 광고 방송

비자들의 취향과 내 취향이 다르다는 점을 깨달은 후 이 일을 포기하였다. 남자들이 좋아하는 여자는 여자들이 좋아하는 여자와 다르다.

컬러 광고는 흑백 광고보다 평균 두 배 정도 기억에 남는다. 역사적 소재 사용을 피하라. 위스키 광고에는 도움이 될지 모르겠지만 다른 광고에는 도움이 안 된다. 얼굴을 너무 클로즈업하지 말라. 독자들에게 반발심을 주기 때문이다. 일러스트레이션은 포커스를 한 사람에게로 집중하고, 될 수 있는 한 단순하게 하라. 많은 사람이 들어가 있는 사진은 효과가 적다.

주부가 냉장고를 열고 무엇인가를 가리키며 웃고 있는 모습을 담은 사진 같이 너무 정형화된 컷의 사용은 피하라.

곤경에 빠지게 될 경우에는 아래의 충고가 도움이 될 것이다.

클라이언트가 슬퍼하거나 한숨을 쉴 때에는
로고의 크기를 두 배로 늘려라.
여전히 반응이 좋지 않다면
공장 사진을 보여줘라.

정말 급한 상황이라면
클라이언트의 얼굴을 보여줘라.

'로고의 크기를 두 배로 늘리는 일'은 종종 도움이 된다. 대부분의 광고는 브랜드를 드러내는 데 부족하기 때문이다.

'클라이언트의 얼굴을 보여주는 일'은 생각보다 좋은 전략이다. 헬레나 루빈스타인이나 화이트헤드 사령관의 경우 그들의 제품을 위한 좋은 상징이 될 수 있기 때문이다.

하지만 '공장의 사진을 보여주는 일'은 공장을 팔고자 하지 않는 한 현명한 선택이 아니다.

아무 의심 없이 광고인의 길을 선택한 학생들을 훈련시키는 대부분의 디자인학교는 아직도 바우하우스Bauhaus*의 신비주의에 손을 들어준다. 그들은 광고의 성공이 '균형', '움직임', '디자인' 등에 달려 있다고 주장한다. 하지만 그들은 이것을 증명할 수 있는가?

조사 결과 미학적이며 알아듣기 힘든, 이런 추상적인 것들은 실제 매출을 올리지 못하는데, 나는 이러한 시도를 진지하게 받아

• • •

⊛ 1919년부터 1933년까지 운영된 독일의 학교. 미술과 공예, 건축 등에 관련된 종합적인 내용을 교육하였다.

들이는 낡은 사고의 아트디렉터들이 매우 마음에 들지 않는다.

그 위대하신 아트디렉터즈 클럽은 헨리 루스Henry Luce
와 프랭크 스탠튼Frank Stanton, 헨리 포드, 그리고 나에게 "아
트디렉터들이 일하기 좋은 환경을 만들기 위해 최선을 다했
다."는 이유로 특별상을 주었는데, 그때 내가 느꼈을 공포를
상상해 보라. 그들은 광고캠페인을 무능력하게 만드는 질병
인 '아트디렉터 병'에 내가 전쟁을 선포했다는 사실을 몰랐
던 것일까?

나는 더 이상 우리 회사의 광고 레이아웃을 아트디렉터
들의 공동체에서 주관하는 콘테스트에 내보내지 않을 것이
다. 상을 받아 우리 레이아웃의 명예가 떨어질까 두렵기 때
문이다. 그들의 신이 나에게도 신은 아니다. 나는 나의 도그
마dogma가 있고 그것은 갤럽 박사와 스타크 박사, 그리고
통신판매 전문가들이 그랬듯이 사람들의 행동을 관찰하여
그 원동력을 얻는다.

• • •

'생각하다'라는 뜻의 그리스어. 동사 dokein에서 유래한 말로 '의견·결정'을 의미했
으나 18세기 이후부터 '교회의 교리' '신의 계시'란 뜻으로 널리 쓰이며 독단이라고 해
석되기도 한다.

항상 레이아웃은 그것이 게재되는 신문, 잡지를 위해서만 디자인되어야 하고, 그것이 게재되었을 때 모양이 어떠한가를 보기 전까지는 절대로 승인해서는 안 된다. 레이아웃을 회색판지에 셀로판지로 덮는 보편적인 평가방법으로 판단하는 방식은 매우 위험하여 오해의 소지가 많다. 레이아웃은 그것을 싣게 될 신문이나 잡지의 그래픽에 맞추어야 한다.

최근에 아직 젊고 경험이 부족한 어떤 클라이언트가 나에게 이런 말을 한 적이 있다.

"게시판에 붙어있는 레이아웃 중 어느 것이 최고인지 보는 순간 바로 알 수 있었습니다." 하지만 독자들은 이러한 환경에서 광고를 보지 않는다.

광고가 꼭 광고 같아 보여야 하는 이유는 없다. 만약 당신의 광고를 기사 형식으로 쓰게 된다면 50퍼센트나 많은 독자를 끌어들일 수 있을 것이다. 사람들은 이러한 책략을 싫어할 거라고 생각할 수도 있지만 그것을 뒷받침할 증거는 아직 없다.

우리의 지포Zippo 광고는 〈라이프Life〉지의 편집장들이 사용하는 직접적이고 단순한 레이아웃을 하고 있다. 다른 특별한 장치나 효과도 없었고, 장식이나, 필기체도 없었다. 상표나 심벌도 없었다.

상표나 심벌은 예전에는 매우 가치 있는 것이었다. 글을 읽지 못하는 사람도 브랜드를 구분할 수 있도록 도와주었기 때문이다. 하지만 미국의 문맹률이 낮아지면서부터는 브랜드를 구분시키기 위해 브랜드 네임을 쓰는 것은 의미가 없어졌다.

캡션에 집중하라

잡지 편집장들은 사람들이 사진 밑에 있는 캡션을 바디카피보다 더 많이 읽는다는 사실을 발견하였다. 광고에서도 마찬가지이다. 〈라이프〉지에 실린 스타치의 데이터를 분석해 보면, 평균적으로 바디카피를 읽는 사람의 두 배나 되는 사람이 제목을 읽는다는 사실을 알 수 있다. 그러므로 제목은 두 배나 많은 독자를 당신에게 보장해 주는 것이다. 캡션이 없는 사진을 사용해서는 안 되며, 모든 캡션은 브랜드의 이름과 약속을 포함한 완벽한 소형 광고여야 한다.

당신이 바디카피를 170단어 이하로 만들 수 있다면 우리가 테틀리 티Tetley Tea*의 잡지광고에서 그랬듯이 캡션 형식으로 바꾸어야 한다.

매우 긴 카피가 필요하다면, 읽고 싶은 카피를 쓰는 다음의 방법을 숙지하도록 하자.

1. 헤드라인과 바디카피 사이에 두세 줄의 서브카피를 삽입하면 다음에 오는 문장에 대한 왕성한 식욕을 돋우어줄 수 있다.
2. 바디의 첫 글자를 큰 이니셜로 쓴다면 독자를 평균 13퍼센트 증가시킬 수 있다.
3. 글을 시작하는 문장을 최대 11단어 이내로 줄이라. 첫 문장이 길면 독자들은 겁을 먹고 도망간다. 모든 문장은 가능한 짧아야 한다. 긴 문장은 사람을 지치게 한다.
4. 2, 3인치의 긴 카피 이후 소제목을 삽입하고 그 후에도 소제목을 계속 사용하라. 소제목은 독자들이 계속 카피를 읽을 수 있도록 도와준다. 볼드체의 소제목들을 영리하게 지속적

• • •

● 영국 차茶 판매업체. 2000년까지 세계 2위의 차 브랜드 자리를 지키다 2008년 인도의 '타타 티Tata tea'에 매각됐다.

으로 사용한다면 텍스트 전체를 읽기에는 너무 게을러서 그저 훑어보기만 하는 사람들에게도 요점을 전달할 수 있다.

5. 40글자 이상의 폭을 사용하지 말라. 많은 사람들은 26글자 이상의 폭을 사용하지 않는 신문을 보며 읽는 습관을 들인다. 폭이 넓어질수록 읽는 사람은 줄어든다.

6. 9폰트보다 작은 활자는 대부분의 사람들에게 너무 작은 글씨이다. 이 책은 11폰트 활자를 사용한다.

7. 세리프Serif 글씨체는 읽기에 편하다. 바우하우스 사람들은 이 사실을 모르는 듯하다.

8. 내가 어린 소년이었을 때에는 모든 문장을 네모나게 박스처럼 정리하는 것이 카피라이터들 사이에서 유행이었다. 그때부터 단락 끝자락에 몇 자를 남기는 방법이 독자들을 끌어들인다는 사실이 확인되었다. 하지만 많은 독자들이 포기할 수 있는 맨 마지막 줄은 예외이다.

9. 중요한 문장은 굵게 하거나 이탤릭체를 사용하여 단조롭게 보이는 것을 피하라.

10. 중간중간에 일러스트레이션을 삽입하라.

11. 화살표나 단추, 별표, 가장자리 선 등을 사용하여 독자가 수월하게 읽을 수 있도록 하라.

12. 서로 관련되지 않은 사실들을 많이 열거해야 한다면, 억지로 연결하려 들지 말라. 지금 이 글처럼 단순히 번호를 매기면

된다.

13. 카피를 어색한 색상 위에 쓰지 말 것이며(검은 바탕에 하얀 글씨처럼), 회색이나 옅은 흰색 위에는 절대 쓰지 마라. 구학파의 신봉자들은 이러한 바탕이 독자들이 카피를 읽도록 한다고 주장했지만 우리는 상식적으로 이러한 형식이 가독성을 낮춘다는 사실을 안다.

14. 문장과 문장 사이를 한단 비워두면 독자들은 평균 12퍼센트 분량의 카피를 더 읽을 수 있다.

돋보이는 헤드라인 만들기

하나의 헤드라인에 다양한 글씨체를 사용한다면 많은 독자들을 잃게 될 것이다. 하나의 헤드라인은 같은 활자, 같은 크기, 같은 무게로 작성되어야 한다.

헤드라인과 광고 전체를 소문자로 작성하라. 대문자는 읽기가 힘들다. 아마 소문자를 읽는 데 익숙해져서일 것이다. 모든 책과 신문, 잡지는 소문자로 되어 있다.

일러스트레이션 위에 헤드라인을 써서 일러스트레이션을 망치는 일이 없어야 한다. 구식 아트디렉터들은 이러한 기법을 좋아했지만, 이 기술은 광고의 흡입력을 19퍼센트나 줄어들게 한다. 뉴스 편집장들은 절대 이 방법을 사용하지 않는다. 대체로 편집장들이 사용하는 방법을 모방하는 것이 좋다. 그들이 소비자들의 독서 습관을 조장하기 때문이다.

광고에 쿠폰을 붙이고 그 쿠폰이 많이 회수되기를 원한다면 쿠폰을 광고 상단 한가운데에 위치시키라. 이 위치를 사용하면 전통적으로 사용되는 하단 모서리보다 80퍼센트나 많은 쿠폰을 거두어들일 수 있다. 광고인 백명 중 한명도 이 사실을 잘 모를 것이다.

멘켄H. L. Mencekn은 미국 국민의 취향을 과소평가했다는 이유로 망한 사람은 하나도 없다고 했다. 이 말은 사실이 아니다. 모든 레이아웃은 너무 주제넘지 않는 선에서 좋은 취향이 느껴지도록 만드는 것이 좋다. 시시한 레이아웃은 제품까지 시시하게 보이게 한다. 최고급 딱지를 붙여서 실패하는 제품은 거의 없다. 사회 활동이 많은 이 시대에 이류 제품을 사용하는 것처럼 보이고 싶어 하는 사람은 아무도 없다.

얼마 전 나는 캘리포니아의 에티오피아 침례교회 목사

님으로부터 내가 만든 포스터 중 하나에 대한 감격스러운 찬사의 편지를 받았다.

> 친애하는 오길비 선생에게
> 저는 주님의 말씀을 캘리포니아 거리에서 외치고 있는 작은 교회의 담임목사입니다. 우리는 포스터 광고를 많이 하지만 그 가격이 만만치 않아 문제에 부딪히곤 합니다. 저는 당신이 쉬웹스를 위해 제작했던, 턱수염 난 남자가 양팔을 펼치고 있는 포스터를 본 적이 있습니다. 그 사진을 다 사용하셨다면 혹시 우리에게 보내주실 수 있는지 알고 싶습니다. 우리는 그 사진에 "예수 구원하시네"란 문구를 쓰고 캘리포니아 거리에 세워두어 주님의 말씀을 전하고자 합니다.

만약 내 클라이언트의 얼굴이 하나님의 아들과 동일시될 수 있다면 돈 한푼 쓰지 않고도 침례교인들을 쉬웹스 교도로 개종시킬 수 있을 것이다. 나는 상당히 망설였다. 그리고 단순히 광고 커미션을 잃을 수도 있다는 걱정 때문에 "화이트헤드 사령관은 거룩한 역할을 할 정도로 가치 있는 사람은 아닙니다."라고 답했다.

비주얼 스캔들, 걸작 포스터 만들기

나는 결코 포스터를 좋아하지 않는다. 차를 타고 지나가는 사람들은 6단어 이상의 의미가 포함된 포스터는 다 볼 수도 없다. 또한 방문판매 세일즈맨의 경험으로 비추어볼 때 나는 6단어로는 아무것도 팔 수 없다는 사실을 잘 안다. 신문이나 잡지광고에서는 수백 단어를 사용할 수 있다. 포스터는 슬로건 제작자들이나 사용하는 것이다.

개인적으로 나는 풍경에 관심이 많다. 하지만 광고판 때문에 풍경이 좋아지는 경우는 한 번도 본적이 없다. 인간은 광고판을 세울 때 가장 비열해진다. 나는 메디슨 가의 일을 그만두면 마스크를 쓰고 조용히 오토바이를 타고 세계를 돌아다니며 야밤에 포스터를 치우고 다니는 비밀 자경단을 조직할 것이다. 시민들을 도우려는 이러한 행동에 대해서 몇 명의 배심원이나 우리에게 유죄를 선언할지 의문이다.

광고판을 소유한 사람들은 정말 파렴치한 로비스트들이다. 그들은 새로 개통된 아메리칸 유료고속도로에 포스터를 금지하는 입법조치를 방해하고자 반칙을 일삼았다. 그들은 포스터 산업이 수 천명을 고용하고 있다고 주장한다. 그

건 집창촌도 마찬가지다.

　　하지만 여전히 포스터는 우리 곁에 있고, 언젠가 포스터를 디자인해야 하는 날이 올 수도 있다.

　　그러므로 포스터를 만들 때에는 제대로 된 걸작을 만들기 위해 노력하라. 사비냑은 이것을 '비주얼 스캔들visual scandal⦿'이라고 부른다. 스캔들이 너무 과하면 지나가는 차를 멈춰 세워서 위험한 사고를 초래할 지도 모른다.

　　유럽에서는 항상 미국 포스터가 교양이 없다며 비판하곤 한다. 아무도 미국의 포스터가 미적 감각으로 볼 때 캐센더Cassandre, 류핀Leupin, 사비냑, 맥나잇 카우퍼McKnight Kauffer의 포스터와 비교될 수 있다고 생각하지 않는다. 하지만 놀라울 정도로 유치한 미국의 스타일은 유럽의 특출난 미술가들의 포스터들보다 요점을 더 빨리 전달하고 기억에 잘 남는다.

　　독일과의 두 번째 전쟁을 치르던 중 캐나다 정부는 나의 보스, 갤럽 박사와 접촉해 여러 신병모집 포스터의 효율성을 측정해 보도록 하였다. 갤럽 박사는 사실적인 그림이

• • •

⦿ 1950년경 프랑스의 그래픽 디자이너 사비냑이 주장한 시각전달을 위한 아이디어 표현 수단. 두 개의 이질적인 이미지를 통해 사람의 눈길을 끄는 시각표현법

나 사진을 사용한 포스터가 가장 효과적이라는 사실을 밝혀냈다. 추상적이고 상징적인 디자인은 의미 전달이 빠르지 않다.

포스터는 글뿐만 아니라 그림으로도 제품의 판매약속을 담고 있어야 한다. 이 작업을 잘할 수 있는 천재는 몇 명 없고 분명 나 또한 그런 천재가 아니다.

만약 당신의 포스터가 차를 타고 지나가는 사람들을 겨냥한 것이라면(허, 그런 걸 바라다니……) 5초 안에 이해할 수 있는 것이어야 한다. 굵은 단색의 글씨가 의미를 더 빨리 전달한다는 조사 결과가 있다. 디자인에 3개 이상의 요소를 사용하거나 흰 바탕을 사용해선 절대 안 된다.

무엇보다, 가능한 한 가장 큰 글씨를 사용하고 한 번에 브랜드 이름이 보일 수 있도록 하라. 실제로 그렇게 만든 것은 거의 보지 못했지만.

이러한 간단한 주의만 잘 따른다면 성공적으로 포스터를 만들 수 있을 것이다. 하지만 현대미술 감정가에게 멋지게 보이고자 하면 안 된다는 경고를 빼 놓을 수 없겠다. 잘못하면 웃음거리가 되기 십상이다.

그 유명한
'해더웨이 셔츠'의 바디카피

미국남성들은 대량으로 만들어내는 셔츠를 사 입는 것이 잘못된 것임을 깨닫기 시작했습니다. 해더웨이 셔츠를 입는다는 것은 한두 해의 문제가 아니라 영원하다고 할 수 있습니다. 해더웨이 컬러는 당신을 더 젊고 더 고상하게 보이게 합니다. 셔츠를 만드는 데 평생을 다했기 때문에 입어보시면 더없이 편합니다. 서랍에 더 오래 남을 것입니다. 단추는 자개이며, 바느질은 잘 되어 있습니다. 뿐만 아닙니다. 해더웨이 셔츠는 세계 여러 곳에서 재료를 구해서 만듭니다. 바이엘라와 어텍스는 잉글랜드에서, 모직타르타는 스코틀랜드에서, 시아이렌드 솜은 인도제도에서, 모직 마드라스 무명은 인도에서, 브로드클로드는 맨체스터에서, 결이 좋은 얇은 삼베는 파리에서, 손으로 짠 실크는 영국에서, 그리고 미국에서는 고급면포를 독점으로 공수하여 만듭니다. 이렇게 만들어진 해더웨이 셔츠를 입어보시면 틀림없이 만족하실 겁니다. 해더웨이 셔츠는 메인주 워터빌에 있는 작은 공장에서 만들어지고 있습니다. 여기에 종사하는 종업원은 115년에 걸쳐서 일하고 있습니다. 전국 유명상점에서 구입하시거나, 메인주 워터빌에 있는 해더웨이 회사에 편지로 주문하십시오. 즉시 우송하겠습니다. 가격은 5달러 95센트에서 25달러까지 있습니다.

클라이언트인 해더웨이 셔츠회사 대표는 오길비를 찾아와 광고기획을 부탁하면서 말했다. "우리 회사는 광고비가 적습니다. 그러나 저는 두 가지 약속을 할 수 있습니다. 하나는 광고회사를 바꾸지 않는다는 것이고 다른 하나는 당신 카피를 한마디도 바꾸지 않겠습니다."

결국 그는 약속을 이행했고 오길비는 이 일을 맡아 8년간이나 작업을 했다. 해더웨이는 연간 6만2천 달러의 광고비를 지출하였는데 그 동안 매출은 500만 달러에서 1천300만 달러로 증가했다. 오길비의 명작으로 꼽히는 이 광고는 전 세계적으로 모방작이 많이 나와서 오길비 자신이 모은 것만 해도 백 가지가 넘는다고 한다.

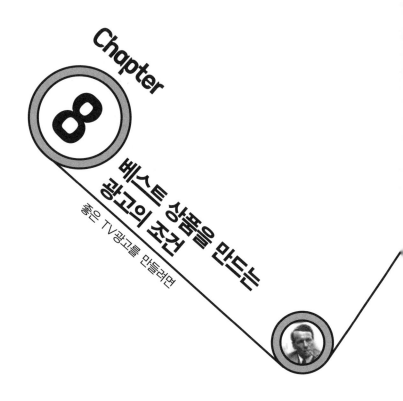

Chapter

8

베스트 상품을 만드는
광고의 조건

좋은 TV광고를 만들려면

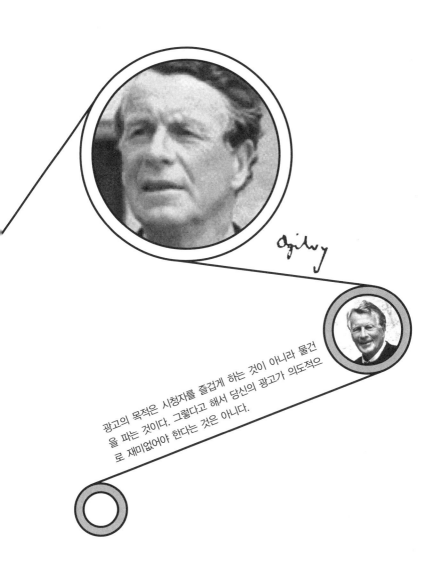

Ogilvy

광고의 목적은 시청자를 즐겁게 하는 것이 아니라 물건
을 파는 것이다. 그렇다고 해서 당신의 광고가 의도적으
로 재미없어야 한다는 것은 아니다.

시선을 끌어라, 제품을 팔아라

스탠호프 쉘튼Stanhope Shelton은 말했다. "몇 초간 방영되는 TV광고는 직경 2.5인치의 필름통에 들어간다. 이 필름통은 30명이나 되는 사람들이 몇 주씩이나 집중해서 노력한 결과를 담고 있으며 수익과 손해라는 차이를 만들어낸다."

　나는 광고를 통해 판매량을 두 배로 올리는 것이 TV 프로그램의 시청자 수를 두 배 늘리는 것보다 쉽다는 사실을 알아냈다. 이러한 사실은 할리우드에서 프로그램을 제작하면서 광고를 만드는 카피라이터들을 무시하는 하급 귀족 양반들에게 큰 뉴스거리로 다가갈 것이다.

　광고의 목적은 시청자를 즐겁게 하는 것이 아니라 물건을 파는 것이다. 호레이스 쉐린Horace Schwerin은 사람들이 광고를 좋아하는 것과 판매율에는 아무런 관계가 없다고 발표한 바 있다. 그렇다고 해서 당신의 광고가 의도적으로 재미없어야 한다는 것은 아니다. 반대로, 겉으로만 살살 녹이는 것이 아니라면, 인간적이고 친절하게 만드는 것은 도움이 된다고 볼 수 있다.

막 TV광고에 진출했던 시기에 나는 너무 언어에만 의존하는 실수를 범했다. 오랫동안 영상효과가 필요 없는 라디오에만 익숙해져 있었던 것이다. 이제 나는 TV에선 광고가 시각적으로 이야기를 전달해야 하며, 말을 들려주는 것보다는 보여주는 대상이 더 중요하다는 사실을 안다. 언어와 비주얼은 서로를 지원해야 한다. 이 때 언어의 유일한 기능은 비주얼이 보여주는 것을 설명하는 것이다.

갤럽 박사는 무엇인가를 시각화하지 않고 말한다면 시청자들은 그 말을 즉시 잊어버릴 것이라고 발표한 바 있다. 내 결론은 보여주지 않으면 말은 아무 의미가 없다는 것이다. 소리를 끄고 광고를 돌려보도록 하라. 소리가 없이 판매가 안 된다면, 그것은 쓸모없는 광고이다. 대부분의 TV광고는 수다, 즉 말의 폭포수에 시청자들을 빠뜨려 당황스럽게 만든다. 나는 일분에 90단어 이하로 말을 줄일 것을 권한다.

TV광고가 인쇄광고보다 셀링 포인트Selling Point*을 더 많이 전달할 수 있다는 것은 사실이다. 하지만 대부분의 효과적인 광고는 한두 개의 셀링 포인트만으로 만들어진다. 여러 가지를 섞어 뒤범벅으로 만들어 놓는다면 시청자들은 전혀 감동을 받지 못한다. 이러한 이유 때문에 TV광고는 위원회가 만들어서는 안 된다는 것이다. 광고에서 타협은 없다. 무엇을 하든 철저하게 해내야 한다.

신문과 잡지의 인쇄광고에서는 독자들의 시선을 끌어야 한다. 하지만 TV광고는 이미 시청자를 확보하고 있다. 문제는 그들이 도망가게 해서는 안 된다는 것이다. "곧 이어 스폰서의 친절한 말을 들게 될 것"이라며 광고 시작을 알려서 시청자들을 자극하는 것은 매우 치명적이다. 그들의 방광은 마치 파블로프의 개가 벨 소리에 반사하듯 이 경고에 조건 반사하여 TV 앞을 떠나게 만들 것이다.

TV광고의 목적은 시청자들이 쇼핑을 하러 갈 때 그 제품을

• • •

⦿판매점 또는 판매기점. 상품판매 계획을 세울 때 특히 강조하는 점으로, 제품이나 서비스가 지니고 있는 특질, 성격, 품격 가운데서 사용자에게 편의나 만족감을 주는 것.

바로 기억하도록 판매약속을 전달하는 것이다. 그러므로 나는 한 광고에서 적어도 두 번 이상 판매약속을 반복하여 말하고, 그림으로 보여주며, '타이틀'이나 '수퍼 자막'을 보여줄 것을 권한다.

소비자들은 일 년에 평균 1만 건의 TV광고에 노출되어 있다. 시청자들이 당신이 광고하는 제품의 이름을 반드시 알 수 있도록 해야 한다. 지겹도록 이름을 반복해야 한다.* 적어도 한 번은 이름으로 화면을 꽉 채워라. 그리고 시청자가 진열대에서 바로 알아볼 수 있도록 물건을 보여줘야 한다.

58초의 명승부를 펼쳐라

광고의 주인공은 제품이 되어야 한다. 맥스웰 커피의 주인공이 커피포트와 커피잔이 아니라 "마지막 한 방울까지 맛있는 커피"인 것처럼 말이다. 이 슬로건은 내가 아니라 테어도르 루즈벨트Theodore Roosevelt 대통령이 만든 것이다.

TV광고에서 당신에게 주어진 시간은 정확히 58초이며

• • •

* 내 여동생 중 하나는 우리 회사 이름을 '지겹도록 반복하는 회사'로 해야 한다고 제안했었다.

당신의 클라이언트는 매 초당 500달러를 지불한다. 중요하지 않은 도입부로 광고를 망치지 말라. 처음부터 판매를 시작해야 하며 마지막까지 판매를 멈추어선 안 된다.

특히 요리 재료나 화장품, 바르는 약 등과 같이 시범을 요하는 제품들에 있어 TV는 최상의 매체이다. 여기서 성공하는 방법은 얼마나 믿을 만한 시범을 창의적으로 보여줄 수 있는가에 달려 있다.

사람들이 이런 유의 광고에 어떻게 반응하는지에 대한 유용한 정보를 얻고자 한다면 갤럽 박사를 찾아가 보는 것이 좋을 것이다. 그는 "문제점을 보여주고, 그것을 해결하기 위한 제품을 보여준 뒤, 시범을 보이며 문제의 해결을 증명하는 식의 광고가 단순히 제품을 설명하는 광고보다 4배는 더 효과적"이라고 말했다.

또한 갤럽 박사는 뉴스성이 강한 TV광고들이 특히 효과적이라고 발표하였다. 제품 속에 있는 모든 새로운 요소는 쥐어짜서라도 광고에 포함시켜야 한다.

하지만 가끔은 제품에 아무런 뉴스거리도 없는 경우가 있다. 당신의 제품은 이미 수세기 동안 시장에서 판매되어

왔을 수도 있고 만들어진 방식에 특별한 발전이 없을 수도 있다. 어떤 제품들은 전혀 문제를 해결할 수 없는 것도 있다. 또한 시범을 보여줄 만한 제품이 아닐 수도 있다. 이런 제품들은 어떻게 해야 하는가? 포기해야 하는가?

꼭 그렇지만은 않다. 산을 움직일 만한 수법이 또 하나 있다.

그것은 감정과 무드이다. 이 방법은 시청자를 우롱하지 않고는 사용하기 어려운 수법일 수도 있지만, 유럽에서는 매더 앤 크로우더의 플레이어스Player's 담배 광고에서 그랬던 것처럼 매우 성공적이었다.

보통 소비자들은 한 달에 900편 정도의 TV광고에 노출되어 있기 때문에 대부분의 광고는 그들 머릿속에서 지워진다. 그러니 당신은 소비자들이 바로 기억해낼 수 있도록 광고에 독특한 무언가를 심어 놓아야 한다. 하지만 이 방법은 매우 조심스럽게 시도되어야만 한다. 시청자들은 광고의 특이한 부분을 기억하면서도 제품의 판매약속은 기억하지 못하는 경향이 있기 때문이다.

어느 날 새벽 2시에 잠을 설치다 깨어났더니 머릿속에

갑자기 독특한 아이디어가 떠올랐고, 나는 그것을 바로 기록했다. '페퍼리지 팜Pepperidge Farm TV광고를 타이터스 무디Titus Moody가 수많은 말이 끄는 제과 마차를 타고 시골길을 달리는 장면으로 시작하자.' 이 광고는 대박이었다.

판매 메시지를 징글로 만들지 말라. 판매는 아주 신중한 일이다. 당신이 시어즈 백화점에 들어가 프라이팬을 사려고 할 때 직원이 다가와 광고에 삽입된 노래를 부른다면 기분이 어떻겠는가?

솔직히 말하자면 노래가 단순히 말보다 효과가 없다는 것을 증명하는 조사 결과는 없다. 노래가사는 항상 알아듣기 힘들었고, 방문판매 세일즈맨을 하면서 고객에게 노래를 해 본 적이 없었던 경험상 이렇게 말하는 것이다. 노래의 판매효과를 믿는 클라이언트들은 스스로 아무것도 팔아본 적이 없는 사람들이다.

하지만 나의 파트너들이 모두 나와 같은 편견을 가지고 있는 것은 아니다. 그들은 내가 휴가를 가고 없을 때 가끔 우리 광고에 노래를 몰래 삽입하기도 했었는데, 적어도 그 중 하나는 큰 실패를 기록했다. 적어도 이 사실은 광고에 관한 내 규율을 증명해 준다.*

극장 스크린의 넓이는 40피트이다. 이 크기라면 충분히 많은 사람들이 나오는 장면이나 롱샷 장면을 담을 수 있다. 하지만 TV 스크린은 넓이가 2피트도 안 되며 벤허를 보기에도 부족한 크기이다. TV광고에서는 가능한 한 클로즈업만을 사용해야 한다.

즐겁게 술을 마시고 있는 사람들이나, 열심히 먹는 사람들, 함께 모여 있는 가족들, 또는 메디슨 가의 오래되고 진부한 표현의 사용을 가급적 피하라. 이런 뻔한 수법들은 제품에 대한 소비자의 흥미를 절대 불러 일으키지 못한다.

• • •

◉ 나는 유명 브랜드 마가린 TV광고 두 편에 대한 연구를 본 적이 있다. 그 광고는 똑같은 것이었으나 하나는 단순히 말을 하는 광고였고 다른 하나는 노래가 나오는 광고였다. 말로 하는 광고가 3배나 많은 시청자를 끌어들였다.

오길비의 명언

글을 쓴다는 것은 90퍼센트의 씽크 탱크Think tank와 10퍼센트의 잉크탱크Ink tank이다. 하나가 잘 돌아가면 다른 하나가 더럽혀질 리 없다.

'훌륭한 크리에이터는 훌륭한 농부와도 같다.'고 했다. 열심히 씨를 뿌리고 비료도 주고 잡초를 제거한 사람만이 궁극적으로 좋은 크리에이티브를 낼 수 있다는 말이다.

자신을 경고하는 이야기는 아무리 좋게 이야기를 한다 해도 단순하게 받아들이지 말라.

브랜드 육성이 기업 마케팅 활동의 가장 중요한 목표가 될 것이다.

팔리지 않는 것은 크리에이티브가 아니며 광고는 예술이 아니다. 광고주들이 돈을 지불하는 것은 광고인의 천재성을 보기 위함이 아닌 자신들의 제품을 판매하기 위함이다.

매출 없는 광고는 광고가 아니다.
재미없는 제품이란 없다. 재미없는 카피라이터가 있을 뿐.

소비자가 광고를 보고 그 광고가 참 잘되었다는 말을 듣는 것보다 광고를 보고 전에는 그런 사실을 몰랐는데 그 상품을 한 번 써 봐야겠다는 말을 들어야 좋은 광고라고 역설하고 있다.

광고는 과학이 아니라 설득이다. 설득은 하나의 예술이다.
모든 광고는 브랜드 이미지를 위한 장기적인 투자이다.

제품이 팔리지 않으면 그 광고는 크리에이티브한 것이 아니다.

제품은 공장에서 만들어지지만 브랜드는 고객의 마음속에서 만들어진다.

나는 크리에이티브를 따로 생각한 적이 없다. 난 오로지 물건이 잘 팔릴 수 있는 방법만을 고민했다.

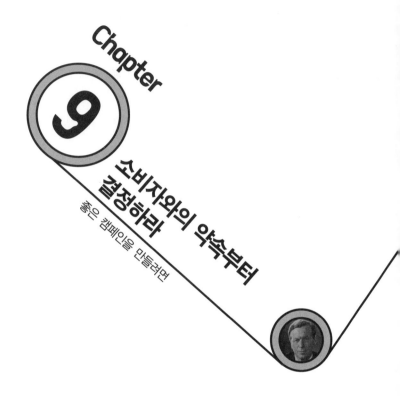

Chapter

9

소비자와의 약속부터
결정하라

좋은 캠페인을 만들려면

세제를 광고한다고 하자. 당신은 당신의 세제가 더 하얗게 씻을 것인지, 아니면 더 밝게 씻을 건인지에 대한 약속을 결정해야 한다. 위스키를 광고한다면 병을 얼마나 부각시킬 것인지를 결정해야 한다. 땀 냄새 제거제를 선전한다면 땀 냄새 제거기능은 얼마나 강조하며, 보송보송하게 해주는 기능은 얼마나 강조할지 등 어느 것을 대표적인 장점으로 부각시킬지를 우선 결정해야 한다.

선택과 결정

이 책에 나와 있는 대부분의 규율들과, 그것의 기초가 된 조
사 결과들은 주로 제품 광고에 관한 것이다. 하지만 각각의
제품들은 저마다의 제품 특성과 관한 문제를 안고 있다. 예
를 들어 세제를 광고한다고 하자. 당신은 당신의 세제가 더
하얗게 씻을 것인지, 아니면 더 밝게 씻을 건인지에 대한 약
속을 결정해야 한다. 위스키를 광고한다면 병을 얼마나 부
각시킬 것인지를 결정해야 한다. 땀 냄새 제거제를 선전한
다면 땀 냄새 제거기능은 얼마나 강조하며, 보송보송하게
해주는 기능은 얼마나 강조할지 등 어느 것을 대표적인 장
점으로 부각시킬지를 우선 결정해야 한다.

구미를 당겨라, 식품 광고

식품을 광고할 때 역시 많은 문제점들이 따른다. 예를 들어 어떻게 하면 흑백TV 스크린에서 음식을 맛있게 보이게 할 수 있을까? 과연 몇 마디 말로 당신이 광고하는 음식이 맛있다고 독자들을 설득시킬 수 있을까? 영양에 대한 약속은 얼마나 중요할까? 사람들이 제품을 먹는 모습을 보여주어야 하나?

나는 이러한 질문에 대한 해답을 조사를 통해 얻으려고 노력했다. 다음은 내가 직접 조사를 통해 알게 된 것들이다.

인쇄매체 광고

1. 식욕을 당기게 하는 광고를 만들라.
2. 음식의 일러스트레이션이 클수록 식욕도 당긴다.
3. 음식 광고엔 사람을 등장시켜선 안 된다. 그들은 음식을 위한 공간을 차지해 버린다.
4. 색깔을 사용하라. 흑백보다는 컬러로 보여질 때 음식은 더 맛있어 보인다.
5. 사진을 사용하라. 그림보다는 더 맛있어 보인다.
6. 여러 장의 사진보다 하나의 사진이 더 효과적이다. 여러 장을

사용해야만 한다면 그 중 하나를 아주 크고 돋보이게 하라.

7. 가능하면 요리법을 보여주는 것이 좋다. 주부들은 항상 새로운 방법으로 가족을 기쁘게 해주기 위해 주위를 살피고 있다.

8. 요리법을 바디카피에 포함시키면 안 된다. 뚜렷이 보이도록 따로 박스에 넣어 만들 것.

9. 요리법은 주요 사진을 일러스트레이션으로 사용하라.

10. 요리법을 색깔 있는 배경 위에 놓지 말 것. 하얀 종이 위에 쓰여 있을 때 훨씬 많은 주부들이 읽는다.

11. 가능하면 광고에 뉴스를 포함시켜라. 새로운 제품에 대한 뉴스나 옛 제품에서 보완된 점, 옛 제품을 새롭게 사용하는 방법 등의 뉴스가 효과적이다.

12. 헤드라인은 구체적으로 써라.

13. 헤드라인에 반드시 브랜드 네임을 언급하라.

14. 헤드라인과 바디카피는 일러스트레이션 하단에 배치하라.

15. 포장이 잘 보이도록 하라. 하지만 식욕을 돋우는 사진보다 더 튀어서는 안 된다.

16. 진지하게 소구할 것. 유머나 판타지를 사용해선 안 된다. 헤드라인에서 너무 꾀부리지 말라. 가족에게 맛있는 음식을 제공하는 일은 주부들에게 가장 중요한 일이다.

TV광고

17. 제품 조리법을 보여주어야 한다.

18. 가능하면 무리하지 않는 선에서 '문제해결법'을 사용하라.

19. 뉴스거리가 있다면 뉴스를 크고 명확하게 제공하라.

20. 제품을 초반부터 보여주어야 한다.

21. 멋으로 음향을 사용하지 말아야 한다. 커피가 끓는 소리나, 스테이크가 지글지글 익는 소리, 콘플레이크의 '아삭' 하는 소리 등 꼭 필요할 때에만 음향효과를 사용하라.

22. TV광고는 매출을 위한 것이다. 흥미위주가 되어선 절대 안 된다.

여행자를 유혹하라, 관광 광고

영국관광협회, 푸에르토리코, 미국여행협회의 대행사로서 좋은 관광 광고를 만드는 것이 무엇인지에 대한 나름의 결론을 내릴 수 있었다. 그 내용을 요약하면 다음과 같다.

1. 관광 광고는 해당국가 이미지에 영향을 미치게 되어있다. 정 치적으로도 호의적인 영향을 미치는 것이 중요하다. 당신 나

라에 대한 싸구려 광고를 만든다면 사람들은 당신의 나라가 후진국이라고 생각할 것이다.

2. 관광객들은 집 앞에서도 볼 수 있는 것을 보기 위해 몇 천 마일씩 여행하지 않는다. 예를 들어 스위스 사람들은 콜로라도 산을 보기 위해 수천 마일을 여행해 오지 않을 것이다. 그 나라만의 독특한 것들을 광고해야 한다.

3. 평생 잊을 수 없는 이미지를 심어주어야 한다. 광고를 처음 접하고 티켓을 구입하게 되기까지의 기간은 매우 길 가능성이 많다.

4. 장거리 여행을 할 여유가 있는 사람들이 주로 보는 매체에 게재해야 한다. 대부분 이런 사람들은 높은 수준의 교육을 받은 사람들이다. 지성인들을 모독하지 말라. 품위 있는 단어를 사용하고 기존의 관광 광고에서 흔히 사용되던 진부한 표현들은 배제하라.

5. 해외여행에 가장 큰 걸림돌이 되는 것은 역시 경비이다. 문화와 지위의 의미를 수시로 각인시키면서 독자들에게 여행의 경비가 합리적이라는 사실을 설득시켜야 한다.

6. 여행도 역시 유행을 탄다. 광고하는 나라가 요즘 많은 사람들이 즐겨 찾는 곳이라는 것을 보여주어야 한다. 유행은 마치 마법과도 같아서 언제나 효과적이다.

7. 사람들은 항상 먼 곳에 대한 환상을 갖고 있다. 그들의 환상

을 행동으로 바꾸어 놓는 것이 광고의 목적이다. 위치에너지를 운동에너지로 바꾸어야 하는 것이다. 가장 좋은 방법은 어떻게 해야 하는지를 보여주는 것이다. 군침 돌게 하는 사진과 정확한 정보는 영국, 미국, 푸에르토리코 여행에 가장 좋은 결과를 가져다주었다.

8. 극소수만이 아는 주제는 조심해서 다루어야 한다. 이런 주제는 스폰서인 국민들의 흥미를 돋울 수는 있겠지만 정작 해외 여행객들은 그 나라의 전통적인 것을 원한다.

"영국으로 오세요" 광고는 눈에 띄게 성공을 거두었지만 영국 언론에서는 많은 비난을 받았다. 죄명은 영국의 이미지를 구식으로 비추었다는 것이다. 오두막 산장과 화려한 행렬을 너무 많이 보여준 것이 문제였다. 그들은 내가 영국을 과거의 영광에서 헤어 나오지 못하는 작은 시골왕국으로 표현했다며 비난했다. 왜 나는 영국을 있는 그대로 이 세상에 페니실린과 제트 엔진, 헨리 무어와 원자력 발전소를 소개한 매우 중요하고 산업화된 복지국가로 표현하지 않았을까?

이러한 것들이 정치적으로 중요한 문제인지는 모르겠지만 캠페인의 유일한 목적은 여행자들을 유혹시키는 것이고 미국인들은 차라리 웨스트민스터Westminster 대성당을 보지 원자력 발전소를 보기 위해 대서양을 건너오지는 않을 것이다. 나 같아도 안 간다.

미국인들은 여행지를 결정하는 데 있어 관광지 주민들의 행동에 영향을 많이 받는다. 설문조사 결과 미국여행자들은 영국이 예의 바르고, 교양 있으며, 정직하고, 직설적이며, 깨끗하고, 도덕적인 곳이라고 생각하는 것으로 나타났다. 하지만 한편으로는 냉담하고, 잘난척하며, 음울하다는 생각도 가지고 있다. 그래서 우리는 광고에서 영국인에 대한 고정관념을 깨뜨리고 친절한 영국인을 그려보려고 최선을 다했다. 미국인들은 놀랍게도 허기진 상태에서는 여행하지 않는다는 사실도 발견했다. 프랑스 주방을 경험한 나로서는 미국인들이 프랑스 음식보다 영국 음식을 더 좋아한다는 사실을 믿기 힘들다. 하지만 그 이유는 그들이 아마도 프랑스 메뉴를 읽지 못하고 너무 진한 소스를 좋아하지 않기 때문일 것이다.

영국은 미국인의 목마름을 해소하는 데 있어서도 프랑스에 뒤지지 않는다. 미국인들은 영국 맥주는 좋아하지 않을지 모르지만, 프랑스인이 좋아하는 붉은 포도주보다는 스코틀랜드 위스키를 더 좋아할 것이다. 우리는 이렇게 끔찍한 시대를 살아가고 있다.

한번은 영국의 한 각료와 함께 어떻게 하면 재무부로부터 미국인을 대상으로 한 영국 관광에 더 많은 돈을 투자하도록 만들 수 있을까 하며 음모를 짠 적이 있다. 그는 말했다. "과연 미국인들은 춥고 습한 영국에서 휴가를 보내고 싶어 할까요? 차라리 이탈리아 하늘 아래서 햇빛을 받으며 보낼 수도 있을 텐데. 아마 당신의 광고 이외에는 답이 없을 것 같습니다."

지당하신 말씀.

'다름'을 강조하라, 약품 광고

약품을 광고하는 일은 특별한 예술이다. 내가 권하는 원칙들을 간단하게 나열해 보면 다음과 같다.[*]

• • •

[*] 이러한 원칙들을 만들어내는 데 있어 루이스 레드몬드의 도움이 컸다.

1. 좋은 약품 광고를 하려면 당신의 제품과 타사 제품 사이의 '엄청난 차이'를 알려서 기회를 잡아야 한다.

2. 좋은 약품 광고는 뉴스를 담고 있어야 한다. 뉴스는 신제품이 될 수도 있고 기존제품의 새로운 점이나 새로운 처방, 또는 구취와 같이 잘 알려져 있는 병의 새로운 이름이 될 수도 있다.

3. 좋은 약품 광고는 진지해야 한다. 불편한 몸은 고통을 받고 있는 사람들에게는 절대 농담의 소재가 아니다. 아픈 사람들은 그 병의 실체를 알아주는 것을 고맙게 받아들인다.

4. 좋은 약품 광고는 권위가 있어야 한다. 약품의 광고카피는 판매자와 소비자의 관계뿐 아니라 의사와 환자의 관계도 잘 나타나 있어야 한다.

5. 단순히 제품의 우수함만을 칭찬해서는 안 된다. 광고는 질병에 대해서도 설명해야 한다. 질병에 시달리는 사람들이 광고를 보고 무엇인가를 배웠다는 기분이 들어야 한다.

6. 신뢰감을 주어라. 아픈 사람은 당신이 도와줄 수 있을 것이라 믿는다. 소비자가 믿고자 하는 의지는 결국 제품의 약효에도 긍정적으로 작용한다.

오길비의 명언 II

언제나 당신보다 못난 사람들만 뽑는다면, 우리는 난쟁이들의 회사가 될 것이다. 그와는 반대로, 언제나 당신보다 나은 사람들을 뽑는다면 우리는 거인들의 회사가 될 것이다. 당신보다 뛰어난 사람을 찾게 되면, 바로 그를 채용하라. 그리고 필요하다면, 당신보다 더 많은 돈을 주어라.

직원들을 당신의 사무실로 부르지 말라. 겁을 먹게 될 것이다. 대신 그들의 자리로 찾아가라. 그래야 직원들은 당신의 존재를 의식할 것이다. 사무실을 전혀 돌아다니지 않던 어떤 회사의 대표는 결국 직원들이 접촉을 꺼려 은둔자가 되어버렸다.

가장 중요한 결정은 당신의 제품을 어떻게 자리매김하는가에 관한 것이다. 성공을 거둔 수많은 광고가 '포지셔닝'이라는 개념이 정립되기 전에 만들어졌다. 반면 오늘날의 수많은 광고들은 적절히 포지셔닝하였지만 효과와는 거리가 멀

293

다. 아무도 당신의 광고를 읽지 않거나, 봐 주지 않는다면 아무리 훌륭한 포지셔닝된 것이라고 해도 소용없는 일이다.

조사에 의하면, 극적인 그림으로 시작한 광고는 그러지 않은 광고보다 시청자의 눈길을 훨씬 더 잘 끌어당긴다. 소화기를 광고할 때는 첫 장면을 불로 시작하라.

당신이 광고주의 매출 결과에 대한 책임을 지고 있는 것과 같이 당신은 소비자들의 집에 보내는 광고에도 책임을 지는 셈이다. 나는 지나치게 소란스럽고, 따분하고, 정직하지 않은 광고를 싫어한다. 이런 원칙을 어기는 대행사는 절대로 많은 사람들에게 존경받지 못할 것이다.

'혁신'을 장려하라. 변화는 우리의 원동력이고, 정체는 망하는 지름길이다.

나는 '일을 너무 많이 해서 죽는 사람은 없다.'는 스코틀랜드 속담을 믿는다. 사람들은 사는 것이 지루해지거나 심각한 갈등을 겪거나, 혹은 질병을 얻어서 죽는다. 일을 너무 많이 한다고 죽지는 않는다.

경쟁력이 떨어지는 사람을 내보내는 일은 관리자의 회피할
수 없는 임무이다.

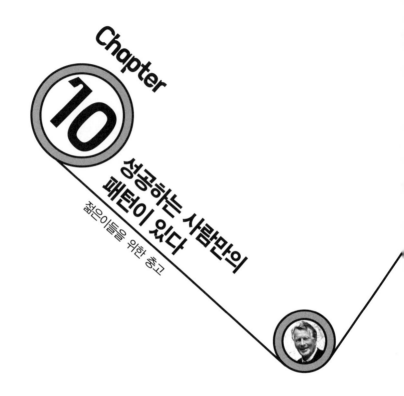

Chapter

10

성공하는 사람만의 패턴이 있다

젊은이들을 위한 충고

 Ogilvy

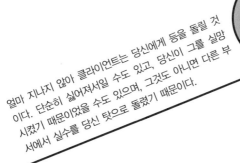

얼마 지나지 않아 클라이언트는 당신에게 등을 돌릴 것이다. 단순히 싫어져서일 수도 있고, 당신이 그를 실망시켰기 때문이었을 수도 있으며, 그것도 아니면 다른 부서에서 실수를 당신 탓으로 돌렸기 때문이다.

야망의 전제 조건

나의 아일랜드인 조상 중 한 사람은 존 컴퍼니John Company에 입사하여 '파고다 나무 흔들기'에 성공하였다. 엄청난 재산을 벌어들였다는 말이다. 나도 이제는 '조상'으로 불릴 때가 되었으며, 깨어있는 시간에는 메디슨 가의 파고다 나무 흔들기에 열중한다. 그럼 나는 어떻게 여기까지 왔을까?

나는 우리 직원들을 14년간 보아오면서 정상에 빨리 오르는 데는 하나의 행동 패턴이 있음을 확인할 수 있었다.

먼저 야망을 가져야 한다. 하지만 그 야망을 너무 유별나게 행동으로 옮겨 동료들이 당신을 무너뜨리게 해서는 안 된다.

'모든 병사는 자기 배낭 속에 원수元帥의 지팡이를 가지고 있다(Tout soldat porte dans sa giberne le baton de marechal).◉'

그렇다. 하지만 지팡이가 너무 삐쳐 나오게 해서는 안 된다.

만약 당신이 하버드 비즈니스 스쿨을 나온 뒤 바로 광고대행사로 뛰어들었다면 거만함을 숨기고 묵묵히 공부를 지속하라. 일 년간의 지겨운 훈련이 지나면 아마도 어시스턴트 AE 정도는 되어 있을 것이다. 일단 이 자리에 오르면 자신에게 주어진 클라이언트에 관한 한 대행사 내에서 가장 정통한 사람이 되도록 노력하라. 예를 들어 정유회사 클라이언트를 맡았다면, 화학, 지질학, 석유제품 유통에 관한 전문서적을 계속 읽도록 하라. 그 분야에 관련된 모든 잡지들, 그 제품에 관해 당신의 대행사에서 행한 조사 결과나 마케팅 계획도 모두 읽어야 한다. 일이 없는 토요일 아침은 주유소에서 기름을 넣으며 운전자들과 대화를 하면서 시간을 보내라. 클라이언트의 정유공장과 연구소를 방문하라. 경쟁사들의 광고역시 연구하라. 2년차가 끝나갈 무렵 당신은 당신의 사수보다도 휘발유에 대해 더 많이 알 것이다. 그리고 곧 그의 자리

• • •

◉ 누구나 한 칼은 있다. 즉 어느 누구도 놀라운 능력을 갖고 있다는 프랑스의 속담

와 역할을 인수받게 될 것이다. 대행사에서 근무하는 대부분의 젊은이들은 이러한 숙제를 하는 데 너무 게으르다. 그렇다면 그들은 영원히 무의미한 자리에 있게 될 것이다.

클라우드 홉킨스는 자신의 성공 비결이 다른 카피라이터들보다 두 배 열심히 일한 것이었고, 그래서 남들보다 두 배 빨리 성공할 수 있었다고 말했다. 과거 40년간 최고의 광고대행사였던 한 회사의 창립자는 자신의 부인과 사이가 좋지 않아 자정이 되기까지는 웬만해서는 사무실을 떠나지 않았기 때문에 성공을 거둘 수 있었다고 한다. 나도 총각일 땐 새벽까지 일했었다. 당신이 여가 시간을 장미를 심고 아이들과 노는 데에 모두 보낸다면 나는 당신에게 호감은 갖겠지만 당신은 진급이 느린 것에 대해서 불평해선 안 된다. 경영자들이 가장 많은 아웃풋과 성과를 내는 사람들을 진급시키는 것은 당연하다.

만약 광고대행사 사람들의 연봉이 일하는 분량에 따라 지급된다면, 게으름뱅이들은 그들에게 합당한 대가를 받을 것이고, 열심히 일하는 사람들은 지금보다도 더 빨리 성공할 것이다. 윌리엄 B. 쇼클리 박사Dr. William B. Shockley는 벨 연구소Bell Laboratories[*] 과학자들의 창의력을 연구하면서, 가장 창의력이 있는 연구원들의 4분의 1은 가장 창의력이 떨어지는 4분의 1보다 열 배나 많은 특허를 따내지만, 봉급은 50퍼센트밖에 더 받지 못한다는 사실을 발견하였다. 불공평하지 않은가? 나도 불공평하다고 생각한다. 알버트 라스커는 일반 카피라이터들에게 일주일에 100달러를 주었지만 클라우드 홉킨스에게는 1백만 달러 가치의 광고 하나당 5만 달러씩을 주었다. 결국 라스커와 홉킨스, 그리고 클라이언트만이 호황을 누린 것이다.

클라이언트를 놀라게 하라

요즘은 중요한 광고캠페인의 책임을 한 명에게만 전가하지 않는 것이 유행인 것 같다. 하지만 팀워크에 대한 강조는 다 부질없는 것이다. 평범한 사람들의 집단적인 음모일 뿐이다. 광고로 만들어진 브랜드 이미지는 위원회가 만들 수 있는

• • •

[*] 벨 시스템 사의 연구개발 연구소로 설립되었다. 전화교환기에서부터 전화선 피복, 프랜지스터에 이르는 제품을 개발해냈다. 미국 뉴저지 주에 위치하고 있다.

것이 아니다. 대부분의 최고경영자들은 이 사실을 알고 있고, 황금 알을 낳는 사람들을 찾고자 눈을 크게 뜨고 있다. 비록 이들은 더 이상 홉킨스와 같은 대우를 받을 수는 없겠지만, 적어도 그들은 취업난이 심한 때에도 해고당할 걱정을 안 해도 되는 사람들이다. 그들은 받은 돈만큼의 가치를 하니까.

대행사에서 진행되는 대부분의 일은 사실 하던 일을 계속 반복하는 것이다. 당신이 일을 잘 한다면 계속 발전이 있겠지만 황금 같은 찬스는 큰 건수와 함께 스쳐가게 된다. 비결은 그것이 황금 건수인지 아닌지를 확실히 알아차리는 것이다.

몇 년 전 영국의 비누제조업체 레버 브라더스가 그들의 거래처인 7개 대행사들에게 그 당시 아직 생소했던 TV 매체에 관한 정책을 제출하라고 요구했다. 다른 대행사들은 적당히 5, 6장 정도를 제출했지만, 우리 회사에서 근무하던 한 젊은이는 3주 동안 밤낮을 일하며 생각해낼 수 있는 모든 통계를 모아 177장 분량의 분석 결과를 제출했다. 게으른 동료들은 강박관념에 사로잡힌 사람이라며 그를 비웃었지만,

일 년 후 그는 우리 회사의 중역이 되었다. 이렇듯 특별한 사건을 통해 출세의 가도가 열리는 것이다. 클라이언트를 놀라게 하라(Il faut epater les clients).

AE가 되기를 희망하는 젊은이들에게

요즘 대행사에 입사하는 유능한 젊은이들은 대부분 AE가 되고자 한다. 아마도 전문적인 일보다는 경영하고 관리하는 것이 중요하다고 배웠기 때문일 것이다. 그들의 기대와는 달리, 6개의 가장 큰 대행사 대표들은 정상에 오르기 전에 전문 분야의 업무를 하던 사람들이다. 그들 중 4명은 카피라이터였고, 한 명은 매체에 있었으며, 다른 한 명은 조사 부문 사람이다. 그들 중 한 명도 AE를 했던 사람은 없다.

AE로 성공하는 일은 생각보다 훨씬 더 어렵다. 왜냐하면 AE 자리에서는 스스로 영광을 쟁취할 만한 기회를 잡기 힘들기 때문이다. 대부분의 승리는 전문 분야에서 일하는 사람들이 이루어낸다.

그러므로 나는 내 아들에게 매체, 조사, 카피라이팅 등의 전문가가 되라고 조언할 것이다. 전문 분야에서는 경쟁이 덜 치열하고, 계속 반복하는 일을 넘어설 수 있는 기회가 자주 주어지며, 심적으로나 경제적으로 안심할 수 있는 전문기술을 배우게 될 것이기 때문이다.

아마 몇몇 젊은이들은 AE가 누리는 여행과 접대에 끌렸을 것이다. 그러나 그들은 주가하락에 대해 설명하며 좋은 식당에서 클라이언트와 식사를 하는 것이 무척 괴롭다는 것을 곧 깨닫게 될 것이다. 심지어 아이가 입원해 있어도 시장 테스트를 반복하기 위해 돌아다녀야 하는 일이 악몽이라는 것도.

만약 내 아들이 이런 나의 충고를 무시하고 AE가 된다면 나는 다음과 같이 조언할 것이다.

1. 얼마 지나지 않아 클라이언트는 너에게 등을 돌릴 것이다. 단순히 싫어져서일 수도 있고, 네가 그를 실망시켰기 때문일 수도 있으며, 그것도 아니면 다른 부서에서 실수를 너의 탓으로 돌렸기 때문이다. 그래도 낙심하지는 마라. 나는 일 년 동안 세 클라이언트들에게서 배척을 당하고도 끝까지 살아남은 대행사 대표를 알고 있다.

2. 만약 네 스스로 자신의 역할을 주방에서 손님에게 음식을 나르는 웨이터처럼 단순히 클라이언트와 부서간의 연락창구로만 생각한다면, 밥은 먹고 살 수 있을 것이다. 이런 AE들은 '콘택 맨'이라고 부르는 것이 더 낫다. 물론 이러한 역할도 차분하게 잘 해야 하지만 스스로의 직업을 더 크게 보기 바란다. 훌륭한 AE들은 결국 가장 어려운 마케터의 자리를 얻게 될 것이다.

3. 아무리 열심히 일하고, 똑똑해져도, 35세가 되기 전까지는 광고 정책에 관해 대행사를 대표하여 발언할 수는 없을 것이다. 내 친구 중 하나는 30세에 머리가 벗겨져서 빠른 진급에 성공하였고, 또 다른 친구는 40세에 백발이 되어 성공하였다. 인내심을 가져라.

4. 프레젠테이션을 잘 하지 못한다면 절대로 일급 AE가 될 수 없다. 대부분의 클라이언트들은 대기업일 것이며, 그들 이사진에게 기획안과 캠페인을 팔 능력이 있어야 한다. 좋은 프레젠테이션은 잘 구성되어야 하고, 쉽게 전달되어야 한다. 프로들의 기술, 특히 닐슨A.C. Nielsen Company[*]의 프레젠테이션을 보면, 의미 전달의 효과적인 방법을 배울 수 있다.

5. 클라이언트는 냉담한 얼간이라는 착각을 버려야 한다. 그들

• • •

[*] 1923년 창립된 국제적 규모의 미국 조사 정보회사

과 친구가 되어라. 마치 네가 그들의 팀에 속한 것처럼 행동해라. 그리고 그들의 주식을 사는 것도 좋다. 그러나 그들의 파쟁에는 말려들지 않도록 하라. 잘못된 말을 밀어주다가 클라이언트를 잃지 않도록 주의하라. 탈레랑Tellyrland를 보고 배워라. 그는 정권이 7번 바뀌는 동안 프랑스를 섬긴 변절자였다. "어느 왕이 통치를 하던 나는 변절자가 될 것입니다. 각하."

6. 클라이언트와 동료들과의 협상에서 지나친 양보는 금물이다. 왕과 여왕, 비숍bishop●을 위해 싸우고 졸은 버려두라. 그러나 네가 작은 일을 너무 쉽게 내어주는 버릇을 가지고 있다면 가끔 큰 건수를 위해 싸워야 되는 경우에 결정적으로 거절하기 힘들 것이다.

7. 클라이언트의 일은 엘리베이터에서 논하지 말고 그들의 비밀문서는 안전하게 보관하라. 정보가 세어나간다는 소문이 돌면 너는 곧 망할 것이다.

8. 카피라이터나 조사 연구원에게 아이디어를 제공하고 싶다면 아무도 모르게 살짝 할 것. 메디슨 가는 남의 구역을 침범하는 장사치들을 좋아하지 않는다.

9. 클라이언트와 동료들에게 자신의 실수를 인정할 만큼 용감

• • •

● 가톨릭에서 주교를 이르는 말

하다면 곧 그들에게 존경받을 수 있을 것이다. 솔직함과 객관성, 지적 성실은 성공의 지름길로 가는 필수 덕목이다.

10. 사무실 사이에 오가는 메모를 간단명료하게 작성할 수 있어야 한다.

비즈니스 세계에서 퇴장당하지 않으려면

높으신 어른들의 책상과 서류가방에는 메모가 많이 들어있다. 메모가 길수록, 그것을 분주하게 실행할 사람이 읽을 확률은 떨어진다. 아래의 메모는 1941년 윈스턴 처칠이 해군총장에게 보낸 것이다.

> 영국해군이 근대 전에 어떻게 대비하고, 어떻게 바뀌어 가는지를 *종이 한 귀퉁이에* 써서 주시오(이탤릭체는 내가 첨가한 것이다).

다른 직종에 종사하는 사람들보다 더 많은 봉급을 받고 있다는 사실을 잊지 말라. 여기에는 세 가지 이유가 있다.

첫째, 능력 있는 광고인에 대한 수요는 공급보다 크다. 둘째, 군이나 제조업체보다는 '실제로' 들어오는 뒷돈이 적다. 셋째, 임기가 대부분의 다른 직업보다 짧다.

최선을 다해서 지출을 수입보다 낮게 유지하라. 그래야 직장을 잃고도 살아남을 수 있다. 대행사의 주식을 살 기회가 생긴다면 그 기회를 잡아라. 그리고 다른 방면으로도 투자를 하라. 65세의 광고인에게 사회복지는 생각만큼 충분하지 않다.

젊은이의 능력을 판가름하는 가장 중요한 기준 중 하나는 그가 휴가를 어떻게 보내는지를 관찰하는 것이다. 어떤 이들은 이 귀중한 3주라는 시간을 그냥 낭비하지만, 똑똑한 친구들은 같은 기간 동안 일 년 내내 얻는 것보다 더 많은 것들을 얻어낸다. 휴가를 잘 보내는 방법을 나는 다음과 같이 제안한다.

- 집에서 빈둥거리지 마라. 생활의 변화를 주어야 한다.
- 아내는 데리고 나가되, 아이들은 이웃에게 맡기라. 휴가 때 어린 아이들은 귀찮은 존재다.

- 그동안은 어떠한 광고도 보지 마라.
- 첫 3일은 수면제를 먹더라도 잠을 푹 자라.
- 맑은 공기를 많이 마시고 운동도 하라.
- 매일 책을 읽어라. 3주면 21권이다(이미 당신이 '이 달의 북클럽'에 가입하고 일분에 1천 단어 이상을 읽을 수 있다고 믿는다).
- 이코노미 클래스를 타게 되더라도 외국에 나가 시야를 넓혀라. 하지만 너무 많은 여행으로 인해 돌아왔을 때 지쳐있어선 절대 안 된다.

정신과 의사들은 모든 사람이 취미를 가져야 한다고 한다. 내가 권하는 취미는 광고다. 당신의 대행사가 잘 모르고 있는 부분을 골라 그 분야의 권위자가 되도록 하라. 매년 좋은 글 하나씩을 써서 〈하버드 비즈니스 리뷰Harvard Business Review〉에 싣도록 노력하라. 좋은 주제들은 다음과 같다. 소매가격 매기기의 심리, 최적의 광고예산을 세우는 새로운 방법, 정치인들의 광고 사용, 국제 광고인들이 전 세계에 같은 광고 사용을 꺼리게 하는 걸림돌, 매체기획의 도달거리와 빈도 사이의 갈등 등, 이와 같이 문제가 야기되는 부분의 권위자로 인정받게 되면 스스로 티켓을 쏠 수 있는 위치에 오를 것이다.

간단히 말하자면 제대로 된 방향으로 노력해야 한다는 것이다.

소피 턱커Sophie Tucker®는 다음과 같이 말했다.

"나는 부자도 되어 봤고, 가난했던 적도 있지만, 내 말을 믿게, 부자가 최고라네."

• • •

® 20세기 초 미국을 풍미했던 가수이자 희극인

오길비의 발자취

1989년, 오길비 그룹은 영국의 지주회사 WPP에게 미화 8억 6천4백만 달러에 인수되었다. 이미 제이월터톰슨과 여러 다른 광고회사들을 갖고 있던 WPP는 이것을 계기로 세계에서 가장 큰 마케팅 커뮤니케이션 회사가 되었다. 이후 오길비는 비상근 회장직을 맡아 다시 3년 동안 회사를 이끌었다.

75세 생일에 가진 인터뷰에서, 그는 항상 원했지만 이루지 못한 것으로 "기사 작위, 그리고 아이 10명 있는 대가족"을 꼽았다. 비록 기사 작위는 받지 못했지만, 오길비는 1967년에 대영제국 훈작사 작위를 받았다. 1977년에 미국 '광고 명예의 전당'에 이름을 올렸고, 1990년 프랑스로부터 '문예 훈장'을 수여받았다.

1958년부터 1960년까지 오길비는 링컨센터의 공공참여회의 회장으로 뉴욕의 대형공연장 건설을 위한 기금모금에 힘썼으며, 1968년에 연합 흑인 대학기금의 의장으로, 1975년에는 세계 야생동물 기금실행위원회의 이사로 선출되었다.

한 시대를 풍미했던광고인 데이비드 오길비는 말년에 오랜 투병 끝에 1999년 7월 21일 프랑스의 투푸Touffou에서 생을 마쳤다. 부인과 아들, 며느리, 3명의 양손자들이 그의 임종을 지켜봤다.

오길비 앤 매더는 데이비드 오길비의 생각, 재능, 기업윤리를 토대로 발전하여 기업문화와 독창적인 비즈니스 전략을 개발시켰다.

1948 데이비드 오길비, 뉴욕에서 오길비 앤 매더 설립

1950 해더웨이 맨 캠페인으로 세계적인 크리에이터로 명성을 얻음.

1959 오길비 앤 매더의 브랜드 스튜어드십으로 바비 인형이 세계적인 인기를 얻음.

1960 토론토에 최초의 해외 지사 설립

1963 《나는 광고로 세상을 움직였다Confession of an Advertising Man》 출간

1970 세계 17개국 진출

1972 다이렉트 마케팅 업무를 전문으로 하는 오길비 앤 매더 다이렉트 설립

1983 데이비드 오길비의 《광고불변의 법칙Ogilvy on Advertising》 출간

1984 업계 내 대규모 클라이언트 교체, IBM이 전 세
계 광고 대행권을 오길비 앤 매더에 부여

1986 오길비 앤 매더 월드와이드의 사장 겸 CEO로
셸리 라자루스Shelly Lazarus 임명

1997 오길비 앤 매더 다이렉트, 오길비 원 월드와이드
로 브랜드명 변경

1998 100여 개국의 356개 사무소에서 창사 50주년
축하

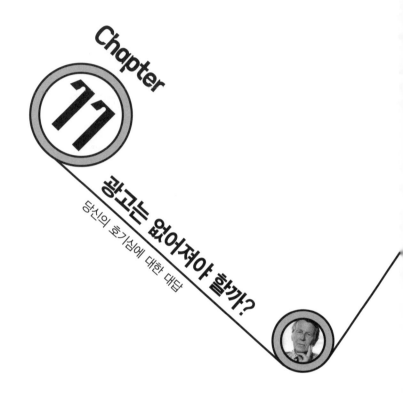

Chapter

11

광고는 없어져야 할까?

당신의 호기심에 대한 대답

누님!
광고는 없어져서는 안 됩니다.
하지만 반드시 개혁되어야 합니다.

광고의 경제적 효과

얼마 전 사회주의자인 헨디_{Lady Hendy} 누님이 광고가 폐지되어야 한다는 자신의 의견에 동의하라며 내게 억박질렀다. 이런 협박과 같은 견해에 동의하는 것은 경제학자도 철학자도 아닌 나에겐 무척 어려운 일이었다. 하지만 적어도 나는 이러한 상황에서 질문이 어떤 의도냐에 따라 대답이 다시 나누어질 수 있다고 밝히고 싶다.

작고하신 애뉴린 비반_{Aneurin Bevan}*은 광고를 '사악한 서비스'라고 했다. 원체스터 앤 발리올_{Winchester and Balliol}의

• • •

● 영국의 정치가. 제2차 세계대전 후 C.애틀리 내각에 보건장관으로 입각하여 국민의료 문제에서 재능을 발휘했다.

아놀드 토인비Arnold Toynbee* 역시 "광고가 악이 아닌 경우는 어디서도 찾아볼 수 없다."고 했다. 하버드대학의 갈브라이스Galbraith 박사도 광고는 사람들로 하여금 공공 업무에 사용해야 하는 돈을 '쓸데없이' 낭비하게 한다고 주장한 바 있다.

하지만 모든 자유주의학자들이 비반Bevan, 토인비Toynbee, 갤브라이스Galbraith와 의견을 같이하는 것은 아니다. 프랭클린 루즈벨트Franklin Roosevelt** 대통령은 다른 생각을 가지고 있었다.

내가 만약 다시 태어날 수만 있다면, 어떤 분야보다도 광고업에 흥미를 갖게 될 것 같다… 광고가 없었다면 지난 반세기 동안 모든 계층의 사람들의 문명 수준이 이처럼 끌어올려지진 못했을 것이다.

• • •

윈스턴 처칠Winston Churchill*경 역시 루즈벨트 대통령과 같은 의견을 갖고 있다.

광고는 사람들의 소비력을 향상시킨다. 광고는 사람들에게 자신과 가족을 위한 더 좋은 집, 더 좋은 옷, 더 좋은 음식을 목표로 하게 해준다. 광고는 사람들의 노력을 자극하여 더 나은 생산을 부추긴다.

대부분의 경제학자들은 학문적 색깔을 떠나 광고가 새로운 상품에 대한 정보를 제공하는 데 있어 매우 중요한 역할을 한다는 점에 동의한다. 러시아의 아나스타스 L. 미코얀 Anastas L. Mikoyan**은 다음과 같이 말했다.

• • •

● 영국의 정치가. 자유당 내각의 통상장관 · 식민장관 · 해군장관 등을 역임하였다. 보수당에 복귀해 주류파의 유화 정책에 반대하며 영국 · 프랑스 · 소련의 동맹을 제창하였다. 제2차 세계대전 이후 반소 진영의 선두에 섰으며 1946년 '철의 장막' 이라는 신조어를 만들어내기도 했다.

●● 러시아의 정치가. 1910년대 말, 바쿠의 소비에트 권력수립에 기여했다. 1956년 제20차 당 대회에서 스탈린의 '개인숭배' 를 비판했다. 각료회의 제부의장, 최고회의 간부회의장을 지냈다. 저서로는《회상록》이 있다.

소련에서 광고는 사람들에게 판매되고 있는 제품들에 대한 정확한 정보를 제공하고, 수요와 새로운 취향과 욕구를 증진시키며, 신제품 판매를 촉진시키고 소비자에게 제품의 필요성을 설명한다. 소련 광고의 가장 중요한 역할은 광고하는 제품의 본질과 품질 특성에 대하여 진실을 담은 정확하고 적절한 정보를 제공하는 것이다.

빅토리아 여왕 시절의 경제학자 알프레드 마샬Alfred Marshall 역시 새로운 제품에 대한 정보를 제공하는 광고에 대해서는 찬성하였지만 경쟁광고는 쓸모없는 짓이라며 비난했다. 런던 경제학파의 월터 태프린Walter Taplin은 마샬Marshall의 분석을 고전학파들조차 확신하지 못하는 "광고에 대한 편견과 감정적 태도를 보여준다."고 주장했다. 사실 마샬의 업적에는 애매한 경향이 없지 않다. 그의 가장 탁월한 제자였던 매이냐드 케인스Maynard Kaynes는 그를 '매우 모순된 사람'이라고 묘사한 바 있다. 광고에 대한 마샬의 생각은 후학 경제학자들에 의해 보강되어 경쟁, 혹은 설득 광고들이 경제적 낭비라는 내용을 담은 정통 교리가 되었다. 과연 실제로 그럴까?

나는 광고주들이 자기 제품에 대해 직접 증언하는 내용을 담은 사실광고가 학자들이 비난하는 경쟁 광고나 설득 광고보다 객관적으로 판매에 더 효과적이라고 주장한다. 이처럼 상업적 이익과 학문적 미덕은 충분히 동시에 충족될 수 있다.

만약 모든 클라이언트들이 실없는 과장광고를 포기하고 내가 롤스로이스, KLM, 쉘 등을 위해 만들었던 사실적, 정보제공형 광고로 선회한다면 판매를 증가시키는 것은 물론 좋은 평판을 얻을 수 있을 것이다.

광고는 더 많은 정보를 담을수록 더욱 설득력 있어진다.

최근 사상가 — 지도자들을 대상으로 한 여론조사에 힐 앤 놀튼Hill & Knowlton은 "클라이언트들은 사실만 말해야 할까요?"라는 질문을 포함시켰다. 이 심각한 질문에 대한 찬성의 대답은 다음과 같이 놀랄 만큼 많았다.

그렇다(퍼센트)

종교 지도자들	76
인텔리 간행물 편집자들	74

고등학교 행정가들	74
경제학자들	73
사회학자들	62
공무원들	45
대학학장들	33
경영리더들	23

이와 같이 광고는 많은 사람들에게 긍정적으로 인식되고 있음을 알 수 있다. 하지만 대부분의 경제학자들은 다른 브랜드에 대항하는 설득광고에 대해 마샬과 같이 비난하는 입장을 보인다. 푸에르토리코 경제에 르네상스를 불러일으켰던 렉스포드 턱웰Rexford Tugwell은 내가 존경해마지 않는 인물인데 한 회사에서 다른 회사로 거래를 옮기면서 드는 '엄청난 손해'에 대해 비난한 바 있다. 스튜어트 체이스Stuart Chase 역시 그 의견에 동의하며 다음과 같이 말했다.

광고는 사람들이 그간 사용하던 모그Mogg 비누의 구매를 중단하고 보그Bogg 비누를 구입하게 만든다. 10개 중 9개의 광고는 대부분 구별되지 않고 종종 구별할 수도 없는 제품의 상대적인 가치를 두고 싸우는 경쟁광고이다.

피고우Pigou, 브래이드웨잇Braithwaite, 배스터Baster, 원 Warne, 페어치일드Fairchild, 모건Morgan, 보울딩Boulding과 같은 경제학자들 역시 모그와 보그를 스튜어트에게 맡긴 것을 제외하면 유레카 앤 엑셀쇼Eureka & Excelsior, 트위들덤 앤 트위들디Tweedledum & Tweedledee, 범포 앤 방고Bumpo & Bango 등으로 대체하여 본질적으로 같은 말과 같은 단어를 사용한다. 그 중 하나를 읽었다면 다 읽은 것이나 마찬가지이다. 그들이 비난하는 경쟁광고나 설득광고는 그들이 긍정적인 인식을 갖고 있는 정보제공 광고에 비해 이윤을 적게 남기는 것이 사실이다.

경험에 비추어 보면 소비자에게 신제품을 권하는 광고가 다른 것에 비해 비교적 쉽다. 소비자는 오랜 기간 반복되는 제품 광고에는 귀머거리가 되기 때문이다.

이러한 이유 때문에 우리 광고인들은 오래된 제품의 광고보다는 신제품 광고에서 더 큰 이익을 얻는 것이다. 학문적 미덕과 상업적 이득이 다시 한 번 양립되는 상황이다.

광고를 하면 제품 가격이 올라갈까?

이 복잡한 질문에 관해 너무나도 많은 의견이 있었다. 광고가 제품가격에 미치는 영향에 대한 진지한 연구조사도 있었다. 하버드의 네일 보든Neil Borden교수는 수백 건의 사례를 조사하였다. 다섯 명으로 구성된 저명한 교수위원회의 도움으로 그는 깊이 연구해 볼만한 가치가 있는 결론을 내렸다.

"많은 산업의 경우 광고가 그 일익을 담당하고 있으므로 대량 생산이 가능하며 그에 따른 생산 비용도 줄어든다. 광고나 다른 판매촉진 방법으로 시장을 발전시키는 일은 대기업이 가격인하에 매력을 느끼게 하거나 가격파괴를 가능하게 할 뿐만 아니라 대부분 저가의 무명의 브랜드가 탄생할 수 있는 기회를 넓혀 준다."

사실 그렇다. 메리 튜더Mary Tudor*가 자신이 죽으면 심장에서 '칼레Calais**'가 발견될 것이라고 예언한 것 같이 내가 죽으면 내 심장에서는 '무명 브랜드'가 발견될 것이다.

• • •

⦿ 잉글랜드 왕국 및 아일랜드 왕국의 여왕. 열렬한 구교도로서 많은 신교도를 처형하여 '피의 메리Blood Mary'라고도 불린다.
⦿⦿ 프랑스 북부, 도버 해협에 면한 항국도시. 영국과 유럽 대륙을 이어준다.

그들은 우리 광고인의 천적이다. 시판되고 있는 식료품 중 20퍼센트는 소매상이 보유하고 있는데, 이러한 것들은 광고는 전혀 하지 않는 무명 브랜드 제품들이다. 기생충과 같이 끔찍한 존재들이다.

보든 교수와 그의 동료들은 광고가 비판으로부터 자유로울 수는 없겠지만 경제적인 자산이지, 채무가 아니라는 결론을 내렸다.[*] 그들 역시 처칠과 루즈벨트의 의견에 동의한 것이다. 하지만 그들이 메디슨 가 광고인들의 모든 구호를 지지하는 것은 아니다. 단적인 예로 그들은 광고가 소비자에게 충분한 정보를 제공하지 못한다는 점을 지적하였다. 나 역시 실무경험으로 비추어볼 때 이점에 동의할 수밖에 없다.

주주들의 엄청난 자금으로 광고를 맡기는 사람들의 '광고가 가격에 미치는 역할'에 대한 의견은 충분히 들어볼 가치가 있다.

지금은 현역에서 물러난 유니레버Unilever의 사장 헤이

• • •

[*] Richard D. Irwin(Chicago, 1942), *The economics of Advertising*

워드Heyworth 경은 다음과 같이 말했다.

광고는 절약을 불러일으킨다. 유통 면에서는 재고 회전이 빨라지기 때문에 소매의 수익을 줄이지 않고도 소매 마진을 내릴 수 있다. 제조 측면에서 보면 광고는 대규모 생산을 가능하게 하는 요소이다. 대규모 생산이 가격을 인하시킨다는 사실에 반대할 사람이 과연 있을까?

프록터 앤 갬블의 대표 하워드 모겐스Howard Morgens 역시 최근 이와 같은 논지의 말을 했다.

우리 회사는 신제품 광고로 인해 광고비용보다도 많은 금액을 절약하게 되는 결과를 항상 확인할 수 있었다. 광고는 확실히 대중에게 낮은 가격의 제품을 제공할 수 있도록 한다.

대부분의 경우 광고비용은 소비자들이 소매점에 지출하는 금액의 3퍼센트 정도에 불과하다. 하지만 만약 광고를 없앤다면 광고 없이 절약하고자 했던 그 금액은 아마 도로아미타불이 될 것이다. 예를 들어 〈뉴욕 타임스New York

Times)에 광고가 실리지 않는다면 당신은 신문을 사보는 데 훨씬 더 많은 금액을 지불해야 할 것이다. 신문에 광고가 없다면 얼마나 지루할지 한 번 생각해 보라. 토마스 제퍼슨 Thomas Jefferson●은 한 가지 신문만 구독하였고 "뉴스보다는 광고를 보기 위해" 신문을 본다고 했다. 대부분의 주부들도 아마 같을 경우일 것이다.

광고는 독점을 조장하는가?

보든 교수는 "몇몇 분야의 산업에서 광고가 수요의 집중에 기여하여 몇몇 거대 회사에 공급을 집중시키는 가장 큰 요인이 되었다."고 말한다. 하지만 그는 광고가 독점의 근본 원인은 아니라고 결론 내렸다.

다른 경제학자들은 광고가 독점의 원인이 된다고 주장한다. 나는 그들의 의견에 동의한다. 갈수록 작은 회사들이 새로운 브랜드를 선보이는 것이 어려워지고 있다. 광고에 투입되는 초기비용이 너무 커서 가공할 자금력을 가진, 대기업만이 감당할 수 있다. 내 말이 믿겨지지 않는다면 1천만

• • •

● 미국의 3대 대통령. 철학자·자연과학·건축가·농학·언어학등으로 많은 사람들에게 영향을 주어 '몬티첼로의 성인'으로 불리었다.

달러 이하의 자금을 가지고 신제품 세제의 런칭광고를 시도해 보라.

더 나아가 대형 클라이언트들은 광고지면을 시간이 열세한 경쟁자들보다 저렴하게 구입할 수 있다. 언론기관 사주들이 그들에게 큰 폭의 할인율을 적용해주기 때문이다. 이렇게 할인된 금액은 대기업들이 작은 회사들을 사들일 수도 있을 정도의 큰 거금이다. 그들은 25퍼센트나 저렴한 비용으로 광고를 하고 남은 돈까지 챙길 수 있다.

광고는 편집자들을 부패시키는가?

그렇다. 하지만 생각만큼 많은 수의 편집자들은 아니다. 한 잡지사의 편집인은 정당한 사유로 나에게 불평을 털어 놓은 적이 있다. 내용인즉 내 클라이언트에게 5장의 논설 지면을 할애하였지만 겨우 2면의 광고만을 게재할 수 있었다는 것이다. 하지만 대부분의 편집인들은 청렴하다.

해롤드 로스Harold Ross는 광고를 싫어하였다. 한번은 〈더 뉴요커The New Yorker〉지의 편집장에게 모든 광고를 한 장에 모아 놓으라고 제안했다. 그의 후임자 역시 그와 비슷한 태도를 보이며 광고인의 기를 죽이기 위한 것이라면 모든 기회를 놓치지 않았다. 그는 얼마 전 내 캠페인 2개에 대한 농담조의 공격을 발표한 적이 있다. 내가 그의 잡지의 1천 173페이지를 쉽게 볼 수 없는 화려한 광고로 채웠다는 사실에 대해서는 무관심한 듯 했다. 나의 광고가 자신의 잡지에 나가는데 사설에서 그 광고를 공격하는 것은 좋은 매너라고 할 수 없다. 마치 저녁식사에 사람을 초대하고 그의 눈에 침을 뱉는 것과 같은 모욕적인 행동이라 하겠다.

나는 종종 나의 클라이언트를 모욕하는 편집장들을 응징하고 싶은 유혹에 빠진다. 대영 산업 박람회를 위한 우리의 광고가 〈시카고 트리뷴Chicago Tribune〉지에 나갔을 때 그 신문은 맥 콜믹Colonel McCormick 대령의 영국에 대한 비난을 같은 신문에 게재했고 나는 내 광고를 그 신문에서 빼내고 싶어 견딜 수가 없었다. 하지만 만약 그랬다면 중서부 지역에 대한 보도에는 큰 차질이 생길 것이고 편집장에 대한 클라이언트들의 압박에 관한 세간의 흥분을 자극하였을 것이다.

광고의 진실과 거짓말

광고로 품질이 떨어지는 제품을 속여 팔 수 있는가?

나는 쓰라린 경험을 통해 이것이 불가능하다는 사실을 잘 알고 있다. 소비자 테스트 결과 다른 제품보다 떨어지는 제품을 광고해야 했을 때, 비록 드문 경우였지만, 결과는 항상 처참했다.

만약 내가 열심히 노력한다면 소비자들을 설득하여 품질이 떨어지는 제품을 사게 할 수도 있겠지만 단 한 번뿐일 것이다. 대부분 나의 클라이언트들은 지속적인 구매에 의존하는 회사들이다. 바넘은 처음으로 다음과 같은 사실을 발견하였다. "당신은 소비자들을 유혹하여 겉만 그럴듯한 제품을 한 번은 팔 수 있을 것이다. 하지만 소비자들은 차츰 당신을 사기꾼이라고 비난할 것이다." 알프레드 폴릿츠Alfred Politz와 하워드 모겐Howard Morgens도 광고가 품질이 떨어지는 제품의 소멸을 앞당긴다고 믿는다. 모겐은 "품질이 떨어지는 제품을 가장 빨리 죽일 수 있는 방법은 공격적으로 판촉하는 일이다. 사람들은 그만큼 제품의 저질성을 빨리 깨닫게 된다."고 말한다.

그는 또한 광고가 제품의 개선에 중요한 역할을 한다고

329

지적한다.

연구원들은 지속적으로 우리가 구매하는 제품의 질을 개선할 방법을 찾고 있다. 내 말을 믿어라. 이러한 개선에 대한 노력과 제안들은 광고 분야를 통해서 나오고 있다. 그럴 수밖에 없다. 한 회사 광고의 성공은 제품개선 활동과 긴밀하게 연관되어 있기 때문이다.

광고에 대한 과학적 연구는 매우 생산적으로 진행된다. 여기에 직접적으로 이익을 얻는 사람들은 소비자들이다. 그들은 더욱 좋아지고 확장된 제품과 서비스를 누리게 된다.

나는 클라이언트들에게 이미 시장에 나와 있는 제품보다 확실하게 뛰어난 제품이 아니라면 신제품을 내보내지 말라고 설득하곤 하였다.

광고는 제품의 질과 서비스의 기준을 지탱하는 힘이 되기도 한다. 쉬웹스의 프레드릭 후퍼Sir Frederic Hooper 경은 다음과 같은 말을 한 적이 있다.

광고는 품질의 보증이다. 엄청난 금액을 투자하여 제품의 우수함을 밝히고 소비자들이 한결같이 품질이 높은 제품을 기대하도록 만든 회사들은 제품의 품질을 쉽게 떨어뜨리지 못한다. 쉽게 사람들은 잘 속는다. 하지만 질이 떨어지는 제품을 지속적으로 구매할 정도로 어리석지는 않다.

우리가 KLM 로얄 더치 에어라인을 "시간을 잘 지키고 믿을 수 있다"고 광고하기 시작하였을 때 최고경영진은 회칙을 돌려 직원들에게 광고에서 한 약속을 지키도록 하였다.

좋은 광고대행사는 소비자들의 이익을 대표한다고 말할 수 있다.

광고는 거짓말로 포장하는 것인가?

더 이상은 아니다. 허위광고들을 신문에 올리는 연방통상위원회의 압력이 너무 커서 최근 나의 클라이언트 중 하나는 만약 우리의 광고가 연방통상위원회로부터 정직하지 못하다고 지적받는다면 바로 대행을 다른 곳으로 옮기겠다고 경고하였다.

제너럴 푸드의 변호사는 우리 카피라이터들에게 오픈핏Open-Pit 바비큐 소스의 "옛 맛"이라는 광고를 내보내기 전에 그 카피가 사실인지 증명해보일 것을 요구했다. 소비자들은 그들이 생각하는 것보다 훨씬 더 잘 보호받고 있다.

나는 광고 규칙을 제정하는 기관들이 지속적으로 바꾸는 규율에 항상 보폭을 맞추지는 못한다. 예를 들어 캐나다 정부가 제약 광고에 어떤 규율을 적용할 때 미국 정부는 그와 완전히 다른 규율을 가지고 있다. 미국의 특정한 주들은 위스키 광고에서 가격을 언급하지 못하도록 한다. 하지만 다른 주들은 가격을 언급하도록 규정한다. 한 지역에서 금하는 것이 다른 지역에서는 의무화되어 있다. 그래서 나는 광고들을 항상 일정한 규율 안에서 만들어야 안식을 얻을 수 있다. 즉 당신의 가족이 보지 말았으면 하는 광고는 만들지 말아야 한다.

광고를 만들기 전에 추리소설과 영국 가톨릭 책자를 썼던 도로시 세이어Dorothy Sayer는 이렇게 말한다. "(광고에서) 명백한 거짓말은 위험하다. 유일하게 남은 무기는 허위의 암시와 진실의 은폐이다." 나는 메디슨 가에서 족제비라 불리는 허위적 암시의 죄상을 인정한다. 하지만 2년 후 한 화학자는 내가 잘못을 인정했던 것이 사실이었다고 발견하여 나의 양심을 구해준 적이 있다.

하지만 나는 허위적 암시에 관한 한 계속 죄를 짓고 있다는 사실을 고백한다. 광고인에게서 제품의 부족한 부분을 뚜렷하게 밝히기를 바라는 것은 확실히 너무 많은 것을 요구하는 것이다. 발걸음을 한 발자국 더 내딛으려다 지은 죄는 용서받아야 한다.

광고는 필요 없는 제품도 사게 만드는가?

만약 당신이 사람들에게 탈취제가 필요 없다고 생각한다면 탈취제를 사용하는 87퍼센트의 미국여성과 66퍼센트의 미국 남성을 비판하는 것은 당신의 자유일 것이다. 당신이 맥주가 필요 없다고 생각한다면 성인인구의 58퍼센트를 설득시켜 맥주를 마시게 한 광고를 비판할 수 있다.

만약 당신이 사회적 유동성과, 육체적 쾌락, 해외여행을 반대한다면 이러한 악을 조성하는 광고를 비난할 수 있다. 만약 당신이 풍족한 사회를 좋아하지 않는다면 사람들로 풍족한 사회를 추구하게 만드는 광고를 얼마든지 비난할 수 있다.

당신이 위에서 언급한 것과 같은 청교도적 결벽주의자라면 나는 당신에게 아무 말도 할 수 없다. 다만 당신을 정신병적 자기학대자라고 부를 수밖에 없다.

나는 리튼Leighton 대주교와 같이 기도한다. "주여! 현명한 자, 그리고 선한 자들의 실수로부터 나를 구원하소서."

영국 노동운동의 아버지 존 번즈John Burns는 노동계급의 비극은 욕망의 결핍이라고 말했다. 나는 노동계급들을 스파르타식이 아닌 삶으로 초대하는 것에 어떤 죄의식도 느끼지 않는다.

광고가 정치에도 이용되어야 하는가?

나는 그러면 안 된다고 생각한다. 최근 정치계에서는 광고대행사를 고용하는 것이 유행처럼 되어버렸다. 1952년 나의 오랜 친구 로저 리브스Rosser Reeves는 아이젠하워 장군을 마치 치약처럼 광고하였다. 그는 장군이 가상 시민들이 물어보는 장난스러운 질문에 직접 쓴 응답을 읽어주는 광고 50건을 만들었다. 다음과 같이.

시민 : 아이젠하워 장군님, 요즘 살아가는 데 돈이 너무 많이 드는군요. 어쩌죠?

장군 : 제 집사람 역시 같은 걱정을 한답니다. 나는 그녀에게 우리가 할 일은 바로 11월 14일 변화를 일으키는 것

이라고 말해 주지요.

중간중간에 장군은 이런 말도 했다고 한다.

"노병이 이런 일을 해야 할 줄이야……."

우리 대행사에 정치인이나 정당으로부터 섭외가 들어오면 우리는 항상 다음과 같은 이유들어 들어 거절한다.

1. 정치인을 팔기 위해 광고를 사용하는 것은 야비한 짓이다.
2. 만약 우리가 민주당을 광고해야 한다면 우리 직원들 중 공화당을 지지하는 사람들에게는 불공평한 일이 되는 것이다. 그 반대의 경우도 역시 마찬가지이다.

하지만 나는 내 동료들이 개인적으로 하나의 정당을 위해 일하는 일은 권장한다. 정당이나 후보자가 정치집회를 방영하기 위해 네트워크 시간을 사는 일과 같이 기술적인 광고 서비스를 필요로 한다면 그들은 특별 조합에 소속되어 있는 전문가를 투입할 수 있다.

광고가 정치성이 없는 공익을 위해 사용되어야 하는가?

우리 광고인들도 좋은 목적으로 하는 일들을 통해 만족감을 얻는다. 의사들이 많은 시간을 아무 대가 없이 극빈자 치료에 할애하듯이 우리 역시 자선사업을 위한 캠페인을 만드는 데 시간을 할애한다.

예를 들어 우리 회사는 처음으로는 방사선 없는 유럽 캠페인을 만들었고, 최근에는 미국암협회, 국제 연합을 위한 미국위원회, 뉴욕 청결을 위한 시민연합, 링컨 공연예술센터 등의 캠페인을 만들었다.

우리가 이들에게 제공한 전문인력이 1천200만 달러의 광고 판매에서 거두어들이는 이익은 25만 달러이다.

1959년 펠러 3세 John D. Rockefeller III 와 클라렌스 프렌시스 Clarence Francis 는 당시 기획 단계에 있던 링컨센터의 대중 인식을 높여줄 것을 우리 회사에 의뢰하였다. 설문조사 결과 우리는 뉴욕의 성인 25퍼센트만이 링컨센터에 대해 들어보았다는 사실을 알게 되었다. 1년 후 우리의 캠페인이 종료되었을 때에는 67퍼센트의 뉴욕 인구가 이 센터를 대해 알고 있었다. 나는 이 캠페인의 기획안을 발표하며 이렇게 말했다.

만약 뉴욕사람들이 링컨센터를 상류층을 위한 곳이라고 생각한다면 링컨센터를 생각해낸 사람들, 특히 많은 돈을 기부한 사람들은 크게 실망할 것입니다. 링컨센터는 모든 사람을 위한 곳이라는 긍정적 이미지를 만들어내는 것이 중요합니다.

캠페인이 끝나갈 때의 설문조사 결과 우리의 민주주의적 목적은 이루어졌다는 사실을 알게 되었다. 조사 대상자들에게는 다음과 같은 문장들이 주어졌고 그들이 동의하는 문장을 선택하는 방식으로 이루어진, 투표 결과는 다음과 같다.

뉴욕과 주변 도시 사람들은
적어도 한 번은 이 센터를 방문할 것이다.   76퍼센트
링컨 센터는 부자들을 위한 곳이다.   4퍼센트

공익 캠페인은 자원하는 한 대행사로 인해 만들어진다. 하지만 링컨센터의 경우 비비디오, 영 앤 루비캠, 벤튼 앤 보울스가 우리와 함께 이 일을 하기를 자처해 네 팀이 조화롭

게 일할 수 있었다. TV광고는 BBDO가 만들었고 뉴욕 방송국은 60만 달러 값어치의 시간을 이 광고를 위해 기부하였다. 라디오 광고는 벤튼 앤 보울스가 만들었으며 라디오 방송국 역시 100만 달러 값어치의 시간을 기부하였다. 인쇄물은 영 앤 루비캠과 우리 회사가 만들었고 〈리더스 다이제스트Reader's Digest〉, 〈뉴요커the New Yorker〉, 〈뉴스위크Newsweek〉, 〈큐Cue〉와 같은 잡지사들은 기꺼이 이 광고를 위한 공짜 지면을 내어주었다.

청결한 뉴욕 캠페인을 우리 회사가 자원하였을 때 청결한 거리로 평가된 거리의 수는 56퍼센트에서 85퍼센트로 증가하였다. 그 후 아직도 거리에 쓰레기를 버리는 사람은 이전 대행사의 "깨끗한 뉴욕을 위해 당신의 한 표를 여기에"라는 친절한 슬로건도 먹히지 않는, 책임감 없는 야만인에 가까운 사람들이라고 결론지었다.

조사 결과 대부분의 뉴욕 시민은 거리에 쓰레기를 버리면 25달러의 벌금이 부과된다는 사실을 모르고 있었다. 그래서 우리는 강력한 캠페인을 진행하여 쓰레기를 버리는 사람들은 법정에 서게 될 것이라고 경고하였다. 동시에 우리는 뉴욕위생국을 설득하여 범법자를 검거할 스쿠터를 탄 유니폼 착용 대원들을 모집하도록 하였다. 신문사와 잡지사들은 전례 없는 크기의 무료 광고지면을 할애하여 우리 광고를 실었고 첫 3달 동안 뉴욕의 TV와 라디오 방송국은 1천105번 무료광고를 방송하도록 해주었다. 4개월 후 3만9천4건의 출두명령서가 뿌려졌고 치안판사들은 열심히 그들의 임무를 다 하였다.

광고는 야비하고 성가신 것일까?

크로스랜드C. A. R. Crosland는 〈더 뉴 스테이트맨The New Statesman〉지에서 "광고는 때론 야비하며 저속하고 공격적이다. 또한 광고는 지속적으로 진실과 거짓을 혼합함으로써 광고를 만드는 사람과 청취자, 독자들을 냉소적이고 부패하게 만든다."라며 격렬하게 비난하였다.

내 생각에 이 부분이 바로 교양 있는 사람들이 광고를 비난하는 요점이다.

루드윅 본 미시스Ludwing von Mises는 광고는 성가시며, 시끄럽고, 조잡하며, 허풍뿐이라고 말한다. 그는 이러한 광고에 거부반응을 보이지 않는 국민들을 비난한다. 하지만 나는 차라리 클라이언트와 나를 포함한 광고대행사를 비난하겠다. 고백하건대 나 역시 무엇이 국민들에게 충격을 주는지를 판단하는 데에는 자신이 없다. 나는 두 번이나 이상 없어 보이지만 꼴사납다는 비난을 받은 광고를 만든 적이 있다.

그 중 하나는 아름다운 여성이 벨벳 바지를 입고 의자에 걸터앉아 긴 시거를 피우는 해더웨이 여성용 셔츠의 광고였다. 나의 또 다른 죄는 그리스 조각의 겨드랑이에 탈취제를 바른 TV광고를 만든 것이었다. 두 경우 모두 나에게는 아무렇지도 않은 상징들이어서 음란한 영혼들을 화나게 했다고 생각한다.

나는 차라리 음란물보다는 아무 느낌 없는 활자체, 평범한 사진, 서투른 카피, 싸구려 징글 등에 더욱 기분이 상한다. 이러한 광고들이 잡지나 신문에 나오면 쉽게 지나칠 수 있지만 TV에 나오는 경우는 그냥 지나치기 어렵다. 나는 광고로 방송이 끊길 때 폭력을 휘두르고 싶을 만큼 화가 난다. 방송국 소유자들은 얼마나 욕심이 많기에 인간의 존엄성을 무시하는 모욕을 견딜 수 있단 말인가? 가끔은 대통령 취임식이나 왕위 대관식조차 도중에 끊는다.

광고를 만드는 사람으로서 TV가 가장 가능성 있는 광고 매체라는 점을 잘 알고 있고 나 또한 대부분의 수익을 TV를 통해 번다. 하지만 한 개인으로서 나는 광고의 방해 없이 프로그램을 시청하는 특권을 얻기 위해서라면 기꺼이 돈도 지불할 수 있다. 도덕적으로 볼 때 나는 상당히 애매한 위치에 있는 것 같다.

메디슨 가를 비속한 물질주의의 상징으로 만든 것은 TV광고다. 만약 정치인들이 TV광고를 규제하기 위한 기관을 조속히 설치하지 않는다면 대다수의 생각 깊은 사람들은 "서양문명의 운명은 메디슨 가가 대표하고 있는 것에 대해 우리가 어떻게 투쟁을 전개하는가에 달려있다."라는 아놀드 토인비 박사의 말에 동의할 것이다.

나는 메디슨 가의 생존에 깊은 관심을 가지고 있으며 과감한 개혁 없이도 과연 살아남을 수 있을지 의문을 품는다.

힐 앤 놀튼Hill & Knowlton은 대부분의 사상지도자들이 광고가 지나치게 물질주의적인 가치관을 부여하고 있다고 생각한다고 발표하였다. 나의 생계를 위협하는 것은 오늘날의

사상 지도자들의 생각과 대부분의 유권자들이 미래에 하게

될 생각으로부터 비롯되는 것 같다.

누님!

광고는 폐지되어서는 안 됩니다.

하지만 반드시 개혁되어야 합니다.

오길비의 마지막 유언

1. 성공적인 광고를 만드는 것은 일종의 기술이다.

2. 판매보다 인기에 영합하는 것은 상당히 중독성이 강하다.

3. 제품을 파는 광고는 20개 중 하나 정도이다.

4. 카피를 쓰기 전에 반드시 제품을 연구하라.

5. 광고는 소비자에게 제품을 구매함으로써 얻을 수 있는 편익을 약속하는 것이다.

6. 모든 광고의 기능은 소비자 머릿속에 있는 어떤 브랜드보다도 더 자주 사용하도록 설득하는 데 있는 것이다.

7. 한 나라에서 성공한 방식은 항상 다른 모든 나라에서도 통한다.

8. 잡지 편집인들은 광고인들보다 커뮤니케이션에 능하다.

9. 대부분의 캠페인들이 너무 복잡하게 구성되어 있다.

10. 여성 고객을 대상으로 하는 카피를 남자 카피라이터에게 맡기지 말 것.

11. 훌륭한 캠페인은 판매력을 유지하며 오랫동안 집행될 수 있다.

:::::: 감히 오길비의 말을 옮긴 이유

1980년대와 1990년대에 광고대행사 코래드KORAD에서 광고 프로듀서와 감독으로 일하면서 데이비드 오길비에 관한 수많은 이야기와 정보를 접하였습니다.

현역 시절에는 《어느 광고인의 고백》이라는 책을 번역본으로 가지고 있었습니다. 아마 이 책은 당시 모든 광고대행사 크리에이터들의 바이블처럼 여겨졌던 것 같습니다. 특히 오길비에 의해 고안된 '매직 랜턴'이라는 지침을 배우고 활용해 보던 기억은 지금도 새롭습니다.

당시에는 미처 이 책을 원서로 읽을 여유가 없었으나 1999년부터 한동대학교 언론정보문화학부에서 학생들을 가르치면서 원서를 다시 찾아 읽어 볼 수밖에 없었습니다. 상당한 부분이 번역에서 누락되어 있었고 간혹 반대의 뜻으로 번역이 되어 있는 문장들도 확인하였기 때문입니다. 결국 이 책을 완역하여 다시 출간하는 것이 학생들과 이 책을 사랑하는 많은 분들께 도움이 되겠다는 생각에서 번역을 결심하였습니다.

번역이 누락되었던 부분은 주로 오길비의 자전적인 글들로, 그의 발자취를 정확히 더듬는 데 굉장히 중요한 부분이라고 생각합니다. 그가 초기에 회사를 설립하여 클라이언트를 유치하고 관리하던 방법은 지금의 비지니스 현장에 그대로 적용하기엔 무리가 있는 것이 사실입니다. 하지만 원칙과 기본에 충실하면서 끊임없이 새로운 것을 갈구하는 오길비의 역동성만은 자고 일어나면 세상이 바뀌는 지금의 산업 환경에 적용하기에 부족함이 없는 것 같습니다.

막상 작업에 착수해 보니 우선 그 양이 만만치 않았고 은유적인 표현들이 많아서 번역하기 무척 까다로운 문장들도 있었습니다. 특히 어카운트account라는 단어는 문맥이나 그 쓰임에 따라 광고주나 광고물로 달리 번역하였습니다.

2004년 개정판으로 작업을 하여 알란파커 경의 서문과 1988년에 오길비의 서문도 덧붙일 수 있었습니다. 결국 기존 번역 출간된 책의 50퍼센트 이상의 분량이 추가되었습니다.

이 책이 출간되기까지 도움을 주셨던 분들이 많습니다. 원고정리와 자료정리에 도움을 준 한동대학교의 김현덕, 조익상 군, 그리고 역자의 느린 타자를 보다 못해 라섹수술 후에 눈이 완쾌되기 전까지 타자를 도와준 아내 박화경에게도 감사합니다.

끝으로 책을 발간할 수 있게 저작권과 출판을 맡아주신 다산북스에 감사드립니다.

강두필

나는 광고로 세상을 움직였다

초판판 1쇄 발행 2008년 4월 5일
개정판 1쇄 인쇄 2012년 7월 23일
개정판 6쇄 발행 2021년 11월 5일

지은이 데이비드 오길비
옮김이 강두필
펴낸이 김선식

경영총괄 김은영
콘텐츠사업1팀장 임보윤 **콘텐츠사업1팀** 윤유정, 한다혜, 성기병, 문주연
마케팅본부장 이주화 **마케팅2팀** 권장규, 이고은, 김지우
미디어홍보본부장 정명찬
홍보팀 안지혜, 김재선, 이소영, 김은지, 박재연, 오수미, 이예주
뉴미디어팀 허지호, 임유나, 배한진 **리드카펫팀** 김선욱, 염아라, 김혜원, 이수인, 석찬미, 백지은
저작권팀 한승빈, 김재원 **편집관리팀** 조세현, 백설희
경영관리본부 허대우, 하미선, 박상민, 김민아, 윤이경, 이소희, 이우철, 김재경, 최완규, 이지우, 김혜진

펴낸곳 다산북스 **출판등록** 2005년 12월 23일 제313-2005-00277호
주소 경기도 파주시 회동길 490
전화 02-702-1724 **팩스** 02-703-2219 **이메일** dasanbooks@dasanbooks.com
홈페이지 www.dasan.group **블로그** blog.naver.com/dasan_books
종이 (주)한솔피앤에스 **출력·인쇄** 갑우문화사

ISBN 978-89-6370-770-9 (03320)